essentials

Essentials liefern aktuelles Wissen in konzentrierter Form. Die Essenz dessen, worauf es als „State-of-the-Art" in der gegenwärtigen Fachdiskussion oder in der Praxis ankommt. *Essentials* informieren schnell, unkompliziert und verständlich

- als Einführung in ein aktuelles Thema aus Ihrem Fachgebiet
- als Einstieg in ein für Sie noch unbekanntes Themenfeld
- als Einblick, um zum Thema mitreden zu können

Die Bücher in elektronischer und gedruckter Form bringen das Fachwissen von Springerautor*innen kompakt zur Darstellung. Sie sind besonders für die Nutzung als eBook auf Tablet-PCs, eBook-Readern und Smartphones geeignet. *Essentials* sind Wissensbausteine aus den Wirtschafts-, Sozial- und Geisteswissenschaften, aus Technik und Naturwissenschaften sowie aus Medizin, Psychologie und Gesundheitsberufen. Von renommierten Autor*innen aller Springer-Verlagsmarken.

Martin Pätzold · Elisabeth Zinke

Moderne Landwirtschaft und ihre Stellung in der Sozialen Marktwirtschaft

Strategien zur Sicherung von Ernährung, regionaler Wertschöpfung und Ressourcenschutz

Martin Pätzold
Hochschule Mittweida
Berlin, Deutschland

Elisabeth Zinke
HSA Rechtsanwälte/ Hochschule für
Wirtschaft und Recht
Berlin, Deutschland

ISSN 2197-6708 ISSN 2197-6716 (electronic)
essentials
ISBN 978-3-658-48513-9 ISBN 978-3-658-48514-6 (eBook)
https://doi.org/10.1007/978-3-658-48514-6

Die Deutsche Nationalbibliothek verzeichnet diese Publikation in der Deutschen Nationalbibliografie; detaillierte bibliografische Daten sind im Internet über https://portal.dnb.de abrufbar.

© Der/die Herausgeber bzw. der/die Autor(en), exklusiv lizenziert an Springer Fachmedien Wiesbaden GmbH, ein Teil von Springer Nature 2025

Das Werk einschließlich aller seiner Teile ist urheberrechtlich geschützt. Jede Verwertung, die nicht ausdrücklich vom Urheberrechtsgesetz zugelassen ist, bedarf der vorherigen Zustimmung des Verlags. Das gilt insbesondere für Vervielfältigungen, Bearbeitungen, Übersetzungen, Mikroverfilmungen und die Einspeicherung und Verarbeitung in elektronischen Systemen.
Die Wiedergabe von allgemein beschreibenden Bezeichnungen, Marken, Unternehmensnamen etc. in diesem Werk bedeutet nicht, dass diese frei durch jede Person benutzt werden dürfen. Die Berechtigung zur Benutzung unterliegt, auch ohne gesonderten Hinweis hierzu, den Regeln des Markenrechts. Die Rechte des/der jeweiligen Zeicheninhaber*in sind zu beachten.
Der Verlag, die Autor*innen und die Herausgeber*innen gehen davon aus, dass die Angaben und Informationen in diesem Werk zum Zeitpunkt der Veröffentlichung vollständig und korrekt sind. Weder der Verlag noch die Autor*innen oder die Herausgeber*innen übernehmen, ausdrücklich oder implizit, Gewähr für den Inhalt des Werkes, etwaige Fehler oder Äußerungen. Der Verlag bleibt im Hinblick auf geografische Zuordnungen und Gebietsbezeichnungen in veröffentlichten Karten und Institutionsadressen neutral.

Springer Gabler ist ein Imprint der eingetragenen Gesellschaft Springer Fachmedien Wiesbaden GmbH und ist ein Teil von Springer Nature.
Die Anschrift der Gesellschaft ist: Abraham-Lincoln-Str. 46, 65189 Wiesbaden, Germany

Wenn Sie dieses Produkt entsorgen, geben Sie das Papier bitte zum Recycling.

Was Sie in diesem *essential* finden können

- Eine Einführung in die Grundlagen und Entwicklung der Landwirtschaft im Kontext der sozialen Marktwirtschaft
- Darstellung der wirtschaftlichen und gesellschaftlichen Bedeutung der Landwirtschaft
- Ermittlung von Potenzialen und Herausforderungen für die Zukunft
- Darstellung der Chancen für wirtschaftliche Entwicklungen und Krisenschutz
- Überblick über die rechtlichen Rahmenbedingungen und innovative Konzepte zur Flächennutzung und -sicherung
- Erforderliche Reformen für eine nachhaltige Agrarpolitik

Inhaltsverzeichnis

1 Einleitung 1
2 Entwicklung zur sozial-ökologischen Marktwirtschaft 3
3 Bedeutung der Landwirtschaft 5
   3.1 Wirtschaftliche Daten 5
      3.1.1 Porträt der Landwirtschaft 6
      3.1.2 Stellung der Landwirtschaft in der Marktwirtschaft 9
   3.2 Effekte von Regulierungsmaßnahmen 11
      3.2.1 Entwicklung der landwirtschaftlichen Regulierung 11
      3.2.2 Ökonomische Auswirkungen der Ökologisierung 16
   3.3 Gesellschaftliche Bedeutung und öffentliche Wahrnehmung 18
4 Potenziale für eine Zukunft 21
   4.1 Leitbild: Motivation 21
   4.2 Wirtschaftliche Möglichkeiten 22
   4.3 Krisenschutz: Produktion vor Ort 25
   4.4 Die Ressource Boden: Nutzung und Schutz im Fokus 26
      4.4.1 Vorhandene Regelungen auf Bundesebene 27
      4.4.2 Rechtliche Verankerung des Flächenschutzes 27
      4.4.3 Innovative Flächennutzungskonzepte 29
      4.4.4 Regulierung des Bodenmarkts 30
   4.5 Ernährungssicherheit als Staatsziel 32
5 Zusammenfassung und Ausblick 35

Was Sie aus diesem *essential* mitnehmen können 37
Literatur 39

Einleitung

„Ohne eine wettbewerbsfähige Landwirtschaft gibt es keine langfristig stabile soziale Marktwirtschaft."

– Alfred Müller-Armack

Die Agrarwirtschaft wird von zahlreichen Spannungslagen geprägt. Sie befindet sich sowohl im Zentrum der globalen Krisen als auch innerhalb eines Transformationsprozesses. Als wichtiger Bestandteil der Sozialen Marktwirtschaft trägt die Landwirtschaft zur Sicherung von Ernährungssouveränität, regionaler Wertschöpfung und nachhaltiger Ressourcennutzung bei, indem sie ökonomische Effizienz mit sozialen und ökologischen Zielen verbindet. Dabei lassen sich die Grundsätze der Sozialen Marktwirtschaft auf die Agrarwirtschaft anwenden, allerdings mit spezifischen Anpassungen und Herausforderungen, da dieser Bereich von besonderen Bedingungen geprägt ist. Die Landwirtschaft nimmer daher – schon historisch betrachtet – eine Sonderstellung ein, die sich einerseits zunehmender Kritik ausgesetzt sieht, obgleich andererseits Bestrebungen zur stärkeren Verankerung im Grundgesetz diskutiert werden.

In der Agrarwirtschaft ist der freie Wettbewerb eine treibende Kraft für Innovation und Effizienz. Landwirte konkurrieren um Marktanteile, wodurch die Qualität und Vielfalt der Produkte gesteigert werden. Der Wettbewerb wird jedoch oft durch externe Faktoren wie Subventionen, Importbeschränkungen und Preisvolatilität eingeschränkt. Natürliche Gegebenheiten wie Wetter und Bodenqualität führen zudem zu ungleichen Ausgangsbedingungen. Der Staat spielt hier in der Sozialen Marktwirtschaft eine bedeutsame Rolle, um Marktversagen zu korrigieren und faire Bedingungen zu gewährleisten. In der Agrarwirtschaft zeigt sich dies in Form von Subventionen, Preisstützungen oder Quotenregelungen, die für

Planungssicherheit sorgen. Eine Überregulierung kann gleichzeitig zu Fehlanreizen führen, wie etwa der Überproduktion oder mangelnder Innovation. Es besteht ferner die Gefahr, dass soziale Absicherungen als Dauersubventionen wahrgenommen werden, die wirtschaftliche Eigenverantwortung hemmen. Im Übrigen kann es schwierig sein, zwischen den Interessen der Verbraucher – wie niedrigen Preisen – und der notwendigen Existenzsicherung der Produzenten zu vermitteln.

Eine weitere Herausforderung stellen die politischen ökologischen Bestrebungen dar. Nachhaltige Landwirtschaft entspricht grundsätzlich dem Prinzip, wirtschaftliche Effizienz mit ökologischer Verantwortung zu verbinden. Ziel ist es, Böden, Wasser und Artenvielfalt zu erhalten. Der Interessensausgleich zwischen Umweltschutz und wirtschaftlicher Rentabilität ist jedoch komplex. Ohne klare Anreize fällt es Betrieben schwer, ökologisches Handeln wirtschaftlich umzusetzen. Dabei steht fest, dass der ökologische Umbau eine gesamtgesellschaftliche Aufgabe darstellt. Ökologisches Handeln muss nicht nur betriebs- und volkswirtschaftlichen Erfolg ermöglichen, sondern auch soziale Anerkennung schaffen. Infolge der aktuellen Herausforderungen gilt es daher, die besondere Stellung der Landwirtschaft in der Sozialen Marktwirtschaft genauer zu beleuchten und zu untersuchen, welche Potenziale für eine zukunftsfähige Landwirtschaft bestehen.

Entwicklung zur sozial-ökologischen Marktwirtschaft 2

Die Soziale Marktwirtschaft ist ein ökonomisches Modell, das in Deutschland nach dem Zweiten Weltkrieg konzipiert wurde und die Prinzipien eines freien Marktes mit einem umfassenden sozialen Sicherungssystem verbindet. Als ordnungspolitische Idee zielt sie darauf ab, „auf der Basis der Wettbewerbswirtschaft die freie Initiative mit einem durch marktwirtschaftliche Leistung gesicherten sozialen Fortschritt zu verbinden"[1]. Es wurde insbesondere eine Balance zwischen der Förderung des Wettbewerbs und der Gewährleistung sozialer Gerechtigkeit angestrebt. Über Jahrzehnte hinweg hat dieses Modell die Stabilität und den Wohlstand der deutschen Wirtschaft gestützt, indem es wirtschaftliches Wachstum und sozialen Ausgleich vereinte.[2] Im Zuge des 21. Jahrhunderts sind jedoch neue Herausforderungen wie der Klimawandel, Umweltbeeinträchtigungen und begrenzte Ressourcen in den Fokus gerückt. Diese Entwicklungen erfordern eine Erweiterung der ursprünglichen Ausrichtung der Sozialen Marktwirtschaft. Die sozial-ökologische Marktwirtschaft adaptiert das traditionelle Konzept, indem sie ökologische Nachhaltigkeit als gleichwertiges Ziel neben ökonomischer Effizienz und sozialer Sicherheit integriert. Dieser Ansatz strebt eine nachhaltige Entwicklung an, die ökologisches Handeln mit den sozialen und wirtschaftlichen Anforderungen der Gesellschaft verbindet. Die drei Säulen der Sozialen Marktwirtschaft sind demnach ökonomische Effizienz, soziale Gerechtigkeit und ökologische Nachhaltigkeit. Während die ursprüngliche Ausrichtung

---

[1] Müller-Armack (1976, S. 245).
[2] Vgl. Pätzold und Tolkmitt (2018, S. 22 ff.).

© Der/die Autor(en), exklusiv lizenziert an Springer Fachmedien Wiesbaden GmbH, ein Teil von Springer Nature 2025
M. Pätzold und E. Zinke, *Moderne Landwirtschaft und ihre Stellung in der Sozialen Marktwirtschaft*, essentials, https://doi.org/10.1007/978-3-658-48514-6_2

auf Wettbewerb und soziale Absicherung fokussierte, ergänzt die Einbindung ökologischer Ziele das Modell, um eine nachhaltige und zukunftsfähige Entwicklung zu gewährleisten.[3]

---

[3] Vgl. Vieweg (2024) und Pätzold und Tolkmitt (2018, S. 42).

3 Bedeutung der Landwirtschaft

Als ein zentraler Pfeiler der Gesellschaft, der über die Sicherung der Nahrungsmittelversorgung hinausgeht, fördert die Landwirtschaft regionale Wertschöpfung, schafft Arbeitsplätze und trägt zur Landschaftspflege sowie zum Erhalt der Biodiversität bei. Gleichzeitig spielt sie eine nicht zu unterschätzende Rolle bei der Bekämpfung des Klimawandels und der Sicherung nachhaltiger Ressourcen. Als integraler Bestandteil der Wirtschaft verbindet sie Tradition und Innovation und stellt somit eine Grundlage für eine stabile und zukunftsorientierte Entwicklung dar.

3.1 Wirtschaftliche Daten

Die Landwirtschaft ist in Deutschland ein essenzieller Wirtschaftssektor, der neben der Sicherung der Nahrungsmittelproduktion auch bedeutende wirtschaftliche Impulse in ländlichen Regionen setzt. So war die Landwirtschaft lange Zeit der wichtigste Wirtschaftsfaktor in einem Staat. Dies hat sich in den modernen Industriestaaten seit der Industrialisierung nachhaltig verändert. Die Landwirtschaft war über Jahrhunderte der entscheidende Produktionsfaktor einer Volkswirtschaft.

3.1.1 Porträt der Landwirtschaft

Die Landwirtschaft erhält und pflegt ganze 16,6 Mio. ha Acker und Wiesen. Das sind mehr als 45 % der Fläche Deutschlands.[1] Sie erhält die natürlichen Lebensgrundlagen und sichert die Ernährung sowie inzwischen auch die Energie- und Rohstoffversorgung. Deutschland war und ist traditionell ein Land mit einer starken Landwirtschaft. Jährlich erwirtschaften etwa 875.900 Arbeitskräfte in rund 255.000 Betrieben landwirtschaftliche Erzeugnisse im Wert von 60,5 Mrd. € und damit 0,8 % des Bruttoinlandsprodukts.[2] Die Produktivität des Agrarsektors in Deutschland hat sich in den letzten 20 Jahren erheblich verbessert, gemessen an der Bruttowertschöpfung pro Erwerbstätigen, und ist um 72 % gestiegen.[3]

Die deutsche Landwirtschaft gehört EU-weit zu den vier größten Nahrungsmittelproduzenten. Deutschland ist sogar der größte Milchproduzent in der EU und einer der größten Fleischproduzenten in Europa. Der Selbstversorgungsgrad Deutschlands liegt aufgrund dessen für Milch und Schweinefleisch, aber auch für Weizen, Kartoffeln und Zucker über 100 %. Bei Obst und Gemüse ist der Selbstversorgungsgrad hingegen infolge des deutschen Klimas und der Abhängigkeit von der Witterung deutlich niedriger. Insgesamt lag in Deutschland der Selbstversorgungsgrad mit Nahrungsmitteln im Durchschnitt der vergangenen zehn Jahre bei 83 %. Aufgrund der Produktion der großen Mengen an tierischen Produkten werden auf 60 % der landwirtschaftlichen Fläche Futtermittel für Nutztiere angebaut. Auf den übrigen Flächen dominieren Brotgetreide, Kartoffeln, Zuckerrüben, Obst und Gemüse. Zudem nimmt der Anbau von Energiepflanzen wie Mais und Raps kontinuierlich zu.[4]

Landwirtschaftliche Nutzpflanzen zur Energiegewinnung und zur stofflichen Nutzung nahmen 2023 in Deutschland 2,48 Mio. ha ein. Das entspricht 22 % der Ackerfläche bzw. 16 % der gesamten landwirtschaftlichen Nutzfläche.[5] So stellte Biomasse im Jahr 2023 ganze 18 % der erneuerbaren Energien bereit.[6] Daneben hat auch die Entwicklung von Photovoltaik auf landwirtschaftlichen Flächen in den letzten Jahren erheblich an Bedeutung gewonnen. Auf Grundlage von aktuellen Berechnungen nimmt das Thünen-Institut an, dass der geplante

---

[1] Vgl. DBV (2024, S. 19, 63) und vgl. Statista (2024).
[2] Vgl. Statistisches Bundesamt (2024).
[3] Vgl. DBV (2024, S. 7).
[4] Vgl. UBA (2023, S. 88).
[5] Vgl. FNR (2024).
[6] Vgl. UBA (2025).

3.1 Wirtschaftliche Daten

Photovoltaikanlagen-Ausbau zu 50 % auf Agrarflächen umgesetzt werden wird.[7] Hierbei stellt sich eine neue Problematik. Denn der Boden stellt eine begrenzte Ressource dar, die weder erneuerbar noch vermehrbar ist. Daher ist es durchaus kritisch zu sehen, wenn allzu viele landwirtschaftliche Flächen, insbesondere die guten und ertragreichen Böden, aus der Nutzung genommen werden.[8] Insgesamt wurden in Deutschland seit dem Jahr 1990 bereits knapp 1,4 Mio. ha landwirtschaftliche Flächen in eine andere Nutzung umgewandelt.[9] Daneben gibt es Technologien, wie Agri-Photovoltaik, die es zulassen, neben der Stromgewinnung gleichzeitig die landwirtschaftliche Nutzung der Flächen zu ermöglichen. Diese Doppelnutzung der Flächen maximiert den Ertrag pro Hektar und bietet Landwirten neue Einkommensquellen. Aufgrund der unter Teilverschattung zu erwartenden Ertragseinbußen wird jedoch nur eine untergeordnete Rolle dieser Technologien erwartet.[10] Im Übrigen hat auch die Anzahl an ökologisch wirtschaftenden Betrieben über die letzten Jahre deutlich zugenommen. Jahresende 2022 bewirtschafteten etwa 36.900 Betriebe eine Fläche von über 1,8 Mio. ha nach ökologischen Standards. Der Anteil ökologisch wirtschaftender Betriebe beträgt damit knapp 14 %.[11]

Neben den Nutzungenformen von Agrarflächen hat auch die ganze Agrarwirtschaft in den letzten Jahrzehnten einen großen Wandel erfahren. Die Anzahl der landwirtschaftlichen Betriebe und Beschäftigten hat stark abgenommen. Diese Entwicklung wird medial gerne als „Höfesterben" bezeichnet. Technischer Fortschritt ermöglicht die Bewirtschaftung größerer Flächen mit weniger Arbeitskräften und das Halten größerer Tierbestände. Betriebe, die nicht in Maschinen oder Flächen investieren konnten, wurden verdrängt. 87 % der Betriebe sind heute auf einen Produktionszweig wie Ackerbau oder spezielle Tierhaltung spezialisiert, um effizienter zu arbeiten.

In Ostdeutschland führte bereits die historische Entwicklung durch die Einführung der Landwirtschaftlichen Produktionsgenossenschaften in der DDR zu größeren Betrieben. Für die Zukunft wird erwartet, dass die Betriebsgröße und Spezialisierung weiter zunehmen und die Anzahl der Betriebe zurückgehen wird. Gleichzeitig können immer mehr Menschen von einem Hektar landwirtschaftlicher Nutzfläche ernährt werden. So betrug der Hektarertrag für Weizen um 1800 nur 10,3 Dezitonnen. Im Erntejahr 2022 erzielten die Landwirte in Deutschland

---

[7] Vgl. Zinke (2023) und Osterburg et al. (2023, S. 33 ff.).
[8] Vgl. Zinke (2024a, S. 145 ff.).
[9] Vgl. Jungehülsing (2020, S. 25 f.).
[10] Vgl. NLT/NSGB (2022, S. 8) und Zinke (2024a, S. 146).
[11] Vgl. DBV (2024, S. 46).

hingegen rund 75,8 Dezitonnen Weizen pro Hektar. Während ein Landwirt im Jahr 1900 Nahrungsmittel für etwa vier Personen produzierte, konnte er im Jahr 2022 Nahrungsmittel für 139 Personen erzeugen. Diese enorme Produktionssteigerung ist auf die kontinuierliche Weiterentwicklung der Produktionsmethoden zurückzuführen. Moderne Maschinen, der Einsatz von Pflanzenschutzmitteln und Mineraldüngern sowie Zuchtfortschritte bei Pflanzen und Tieren haben es den Landwirten ermöglicht, heute wesentlich stabilere und höhere Erträge zu erzielen als früher.[12]

Durchschnittlich erwirtschafteten Haupterwerbsbetriebe zwischen den Jahren 2012/2012 bis 2020/2021 jährlich 59.406 € Überschuss.[13] Im abgelaufenen Wirtschaftsjahr 2023/24 sind die Wirtschaftsergebnisse der deutschen Landwirtschaft allerdings erwartungsgemäß eingebrochen.[14] Der erwirtschaftete Ertrag dient dabei nicht nur dem Lebensunterhalt, sondern muss auch die Alterssicherung, Investitionen und die Rückzahlung von Krediten abdecken. Einen bedeutenden Anteil am Einkommen landwirtschaftlicher Betriebe machen finanzielle Förderungen durch die EU, den Bund und die Länder aus. Im Jahr 2018/19 nahmen Haupterwerbsbetriebe durchschnittlich 35.160 € durch Beihilfen und Förderungen ein, sodass mehr als 65 % des gesamten jährlichen Einkommens hierdurch generiert wurde. Im Übrigen leben nur die Hälfte aller Landwirte von der Landwirtschaft als Haupterwerb. Hauptgewerbliche Landwirtschaftsbetriebe betreiben ferner häufig weitere, aber mit ihrem Betrieb verbundene Einnahmequellen wie den Verkauf von selbst erzeugten Produkten in Hofläden, die Vermietung von Ferienwohnungen oder Forstwirtschaft. Dies liegt insbesondere darin begründet, dass das landwirtschaftliche Einkommen starken Schwankungen unterworfen ist.[15]

Globaler Wettbewerb, Preisdruck, die Inflationsrate, unvorhersehbare Kostensteigerungen und Wetterveränderungen infolge des Klimawandels wirken sich auf das Einkommen aus. Dieser Prozess wird durch Ernährungstrends sowie wirtschaftliche, gesellschaftliche und ökologische Anforderungen verstärkt, die sich etwa aus dem Agrarpaket der Bundesregierung und dem Green Deal ergeben.[16] Daneben spielen auch die politischen und rechtlichen Rahmenbedingungen, insbesondere die Gemeinsame Agrarpolitik (GAP) der Europäischen

---

[12] Vgl. DBV (2024, S. 17 ff.) und Zinke (2024b, S. 64 ff.).
[13] Vgl. BMEL (2023, S. 9).
[14] Vgl. DBV (2024, S. 186 ff.).
[15] Vgl. Weber et al. (2024).
[16] Vgl. DBV (2024, S. 35 f.) und Zinke (2024b, S. 64 f.).

3.1 Wirtschaftliche Daten

Union und deren Regelungen eine bedeutende Rolle. Rechtliche Unsicherheiten und mangelnde Verlässlichkeit der gesetzlichen Rahmenbedingungen haben dazu geführt, dass Investitionen in Stallanlagen und landwirtschaftliche Gebäude auf einem niedrigen Niveau verharren.[17] Dies hemmt nicht nur die Modernisierung – insbesondere mit Blick auf Tierwohlstandards – und Effizienzsteigerung der Betriebe, sondern gefährdet auch deren Wettbewerbsfähigkeit in einem zunehmend globalisierten Agrarmarkt.

3.1.2 Stellung der Landwirtschaft in der Marktwirtschaft

Die Landwirtschaft spielt in der Marktwirtschaft eine zentrale Rolle und ist ein wichtiger Sektor, der nicht nur die Grundversorgung mit Lebensmitteln sicherstellt, sondern auch erhebliche wirtschaftliche und soziale Funktionen erfüllt. Sie trägt maßgeblich zur nationalen und regionalen Wirtschaft bei, indem sie Arbeitsplätze schafft, Rohstoffe für die Nahrungsmittelproduktion bereitstellt und Exporte generiert. In einer Marktwirtschaft ist die Landwirtschaft durch Angebot und Nachfrage gesteuert. Landwirte produzieren Nahrungsmittel und andere landwirtschaftliche Erzeugnisse, die dann auf dem Markt verkauft werden. Die Preise für diese Produkte werden durch den Markt bestimmt und können stark variieren, je nach Ernteerträgen, klimatischen Bedingungen und globalen Handelsströmen.[18]

In der Debatte über die Rolle der Landwirtschaft in der Marktwirtschaft werden oft die spezifischen Produktionsbedingungen thematisiert, die sich deutlich von denen der Industrie unterscheiden. Bei freier Preisbildung sind die Marktpreise die Gleichgewichtspreise, die Angebot und Nachfrage in Einklang bringen. Langfristig betrachtet können die durchschnittlichen Preise jedoch nur in gewissem Maße mit den schwer fassbaren Kosten übereinstimmen. Bei freier Preisbildung wäre die Landwirtschaft aufgrund des hohen Wettbewerbs und der Verderblichkeit ihrer Produkte im Nachteil. Die mangelnde Elastizität von Angebot und Nachfrage bedingt in der Landwirtschaft starke Preisschwankungen, die bei einem Überangebot zu Nachteilen und bei Knappheit zu Vorteilen für die Produzenten führen. Diese Schwankungen im landwirtschaftlichen Angebot sind unvermeidlich und werden durch saisonale Einflüsse und Wetterbedingungen von Jahr zu Jahr verursacht.[19]

---

[17] Vgl. DBV (2024, S. 175 ff.).
[18] Vgl. Martinez (2022, S. 11 ff.).
[19] Vgl. Hanau (1958, S. 7 ff., 10 f., 14 f.).

Während eine freie Preisbildung für elastisch nachgefragte Güter, wie Industriewaren, die Grundlage der Marktwirtschaft bildet, würde sie bei unelastisch nachgefragten Gütern, wie Agrarprodukten, mehr Schaden als Nutzen verursachen. Daher ist eine planvolle Markt- und Preispolitik in der Sozialen Marktwirtschaft unerlässlich. Diese Politik muss jedoch flexibel bleiben und darf nicht durch politischen Druck erstarren.[20] Die Landwirtschaft hat daher auch eine besondere Stellung in der Volkswirtschaft. Trotz des Wachstums der Agrarproduktion ist sie weder so stark erweiterbar noch so umfassend rationalisierbar wie die industrielle Produktion. Einmal ausgeweitet, lässt sich die Agrarproduktion aufgrund starrer Produktionsfaktoren und hoher Fixkosten nur schwer reduzieren, selbst wenn Überschüsse und niedrige Preise eine Verringerung nahelegen. Gleichzeitig hat der technologische Fortschritt in den letzten Jahrzehnten zu einer erheblichen Steigerung der landwirtschaftlichen Produktivität geführt. Durch den Einsatz moderner Maschinen, verbesserter Anbaumethoden und fortschrittlicher Bewässerungssysteme können Landwirte heute mehr produzieren als je zuvor. Dies hat jedoch auch dazu geführt, dass kleinere Betriebe oft nicht mit den größeren, effizienteren Betrieben konkurrieren können und deshalb aufgeben müssen.

In der Bundesrepublik wurde die Landwirtschaft bisher durch Einfuhrbeschränkungen, Preisstützungen und Subventionen ähnlich wie in anderen Industrieländern teilweise vor den preissenkenden Einflüssen des Weltmarkts bewahrt.[21] Die Landwirtschaft wird dabei stark von politischen Maßnahmen beeinflusst. Subventionen und Förderprogramme innerhalb, insbesondere innerhalb der GAP, spielen eine wesentliche Rolle bei der Unterstützung der Landwirte. Diese finanziellen Hilfen innerhalb der GAP sollen sicherstellen, dass die Landwirtschaft in Zeiten von Preisschwankungen und schlechten Ernten überleben kann und gleichzeitig umweltfreundliche und nachhaltige Praktiken gefördert werden.

Eine bedeutende Herausforderung in der Landwirtschaft ist daneben die Sicherstellung der Nachhaltigkeit. Eine intensive Bewirtschaftung kann etwa zu Bodenerosion, Wasserverschmutzung und einem Verlust der biologischen Vielfalt führen. Daher gewinnen nachhaltige Anbaumethoden und umweltfreundliche Praktiken immer mehr an Bedeutung. Diese Ansätze zielen darauf ab, die Umweltbelastung zu minimieren und gleichzeitig die landwirtschaftliche Produktivität aufrechtzuerhalten. Treiber hierfür sind einerseits die Bestrebung der Landwirte selbst, die Umwelt und insbesondere den Boden als ihr Kapital zu

---

[20] Vgl. Hanau (1958, S. 15).
[21] Vgl. Hanau (1958, S. 15).

erhalten und zu pflegen sowie andererseits umweltpolitische Bestrebungen. Dabei ist zu berücksichtigen, dass den Landwirten, die vom Ergebnis der Arbeit leben müssen, „das mikroökonomische Hemd näher als die makroökonomische Jacke oder gar der ökologische Mantel"[22] sitzt.

Zusammenfassend lässt sich festhalten, dass die Landwirtschaft in der Marktwirtschaft eine essenzielle Rolle spielt, indem sie die Lebensmittelversorgung sicherstellt und zur wirtschaftlichen Stabilität beiträgt. Die Herausforderungen und Chancen dieses Sektors sind vielfältig und erfordern eine kontinuierliche Anpassung und Innovation, um die Nachhaltigkeit und Produktivität langfristig zu gewährleisten. Aufgrund der speziellen Gegebenheiten der Agrarwirtschaft ist eine „Wirtschaftspolitik aus einem Guß" nicht möglich.[23]

3.2 Effekte von Regulierungsmaßnahmen

Regulierungsmaßnahmen beeinflussen die Landwirtschaft in vielfältiger Weise, indem sie Rahmenbedingungen für Produktion, Umweltschutz und Marktteilnahme setzen. Während sie häufig darauf abzielen, ökologische Nachhaltigkeit und Tierwohl zu fördern, stellen sie landwirtschaftliche Betriebe gleichzeitig vor wirtschaftliche und organisatorische Herausforderungen. Die Wirkung solcher Maßnahmen hängt maßgeblich von ihrer Ausgestaltung sowie von der Anpassungsfähigkeit der Betriebe an neue Anforderungen ab.

3.2.1 Entwicklung der landwirtschaftlichen Regulierung

Die Landwirtschaft nimmt als Ernährungsgarant in der Volkswirtschaft eine Sonderstellung ein.[24] Diese besondere Rolle hat zur Entwicklung spezifischer Regulierungen geführt, die den Schutz und die Förderung der Agrarwirtschaft zum Ziel haben.

Früher lag der Schwerpunkt der Regulierung hauptsächlich auf wirtschaftlichen Aspekten, wie Einfuhrbeschränkungen, Preisstützungen und Subventionen, um die Landwirtschaft vor den Auswirkungen des globalen Marktes zu schützen. Im Laufe der Zeit hat sich jedoch der Fokus der Regulierung erweitert. Insbesondere der naturschutzrechtliche Rahmen hat an Bedeutung gewonnen. Hier stand

---

[22] Hötzel (1986, S. 25).
[23] Vgl. Hanau (1958, S. 15).
[24] Siehe hierzu auch Abschn. 3.3.

die Landwirtschaft lange nicht im Fokus. Heute spielen hingegen umwelt- und klimaschutzrechtliche Vorgaben eine zentrale Rolle in der landwirtschaftlichen Gesetzgebung. Die Regulierung der Umweltauswirkungen von Land-, Forst- und Fischereiwirtschaft erfolgt aufgrund der verteilten Gesetzgebungskompetenzen durch zahlreiche Rechtsvorschriften auf verschiedenen Ebenen, darunter Fachrecht, Bundes- und Landesnaturschutzrecht sowie Verwaltungs- und Vollzugsvorschriften. Eine gesetzliche Grunddefinition der Landwirtschaft existiert nicht. In Anlehnung an § 201 BauGB umfasst der Begriff primär Ackerbau, Wiesen- und Weidewirtschaft sowie Tierhaltung, wobei die Nutzung des Bodens als natürliche Ressource zur Erzeugung pflanzlicher und tierischer Produkte entscheidend ist. Hobbynutzungen fallen nicht unter diesen Begriff.[25]

Das Agrarumweltrecht[26] ist eine Querschnittsmaterie, die umweltrechtliche Rahmenbedingungen für die Landwirtschaft in öffentlichem, privatem und strafrechtlichem Kontext regelt. Seine Bedeutung wächst im Zuge der Ökologisierungsbewegung, wobei es Gefährdungen unter einem spezifischen „Agrar-Blickwinkel" betrachtet. Es wird durch Völker-, Unions-, Bundes-, Landes- und Kommunalrecht geprägt. Ein einheitliches Gesetz zur Regulierung der landwirtschaftlichen Umweltauswirkungen fehlt; relevante Bestimmungen sind auf Regelwerke wie das Immissionsschutz-, Naturschutz-, Wasser-, Gentechnik-, Abfall- und Bodenschutzrecht verteilt.[27] Das Fachrecht – etwa Pflanzenschutzmittel-, Düngemittel- und Agrarbeihilfenrecht – ergänzt diese Regelungen. Eine zentrale Rolle spielt die Konditionalität innerhalb der GAP der EU, die Förderungen an die Einhaltung umweltrechtlicher Vorgaben koppelt. Charakteristisch ist ein Instrumentenmix aus ordnungsrechtlichen Vorschriften, kooperativen Ansätzen wie Vertragsnaturschutz, ökonomischen Anreizen, planungsrechtlichen Instrumenten und Informationssystemen.[28] Die Gesetze und Bestimmungen des Agrarumweltrechts unterliegen dabei einem ständigen Wandel, bedingt durch die Einwirkungen des Unionsrechts und die zunehmende Ökologisierung. Besonders der europäische Green Deal sowie die Strategien „Vom Hof auf den Tisch" und die EU-Biodiversitätsstrategie werden erhebliche Auswirkungen auf die Landwirtschaft haben. Die Reform der GAP im Jahr 2023 und die Aktionspläne der

---

[25] Vgl. BVerwG, NVwZ-RR (1998, S. 225).

[26] Vgl. Norer (2005, S. 237 ff.), Härtel (2012, S. 359 ff.) und Grimm und Norer (2015, S. 276 ff.).

[27] Hierzu Zinke (2024b, S. 201 ff.).

[28] Vgl. Möckel (2016, S. 655) und Kloepfer (2018, S. 15).

3.2 Effekte von Regulierungsmaßnahmen

EU-Kommission brachten jüngst weitere Neuerungen im Agrarumweltrecht mit sich.[29]

Die Regulierung der Umweltauswirkungen der Landwirtschaft erfolgt in Deutschland durch das Bundesnaturschutzgesetz (BNatSchG) sowie die Landesnaturschutzgesetze. Ziel des BNatSchG ist es gemäß § 1, die biologische Vielfalt, die Funktionsfähigkeit des Naturhaushalts und den Erholungswert von Landschaften zu sichern. Seit dem Inkrafttreten des Gesetzes 1976 wurde es mehrfach angepasst, insbesondere zur Umsetzung europarechtlicher Vorgaben.[30] Das BNatSchG bietet für die Umsetzung seiner Ziele ordnungsrechtliche Instrumente wie Eingriffsregelungen, Schutzgebiete und Artenschutz, sowie kooperative Ansätze.

Von den ordnungsrechtlichen Instrumenten gibt es für die Landwirtschaft gewisse Ausnahmen. Diese gelten aber nur für eine landwirtschaftliche Bodennutzung nach der „guten fachlichen Praxis" (gfP). Diese Mindestanforderungen an die Bewirtschaftung sollen ökologische und ökonomische Belange in der Land-, Forst- und Fischereiwirtschaft ausbalancieren. Während das Reichsnaturschutzgesetz von 1935 kaum Einschränkungen für die Landwirtschaft vorsah, führte das BNatSchG 1976 eine „ordnungsgemäße Bewirtschaftung" als privilegierte Nutzung ein. Seit den 1990er Jahren wurden diese Privilegien schrittweise reduziert, zugunsten einer stärkeren Berücksichtigung der tatsächlichen ökologischen Auswirkungen und finanziellen Ausgleichsregelungen.[31]

Die Einführung der gfP als Standard in den 1980er Jahren war ein zentraler Schritt, um klare Anforderungen für eine nachhaltige Bodennutzung festzulegen, unterstützt durch fachspezifische Gesetze wie das Pflanzenschutzgesetz und das Bodenschutzgesetz. Diese Entwicklungen zeigen die zunehmende Verlagerung von Privilegierungen hin zu einer stärkeren Verantwortlichkeit und Regulierung der Flächenbewirtschaftung.[32]

Die Beschränkung der Privilegien für die Flächenbewirtschaftung wurde mit der Novelle des BNatSchG 2002 weiter ausgebaut. Während § 2 Abs. 3 BNatSchG 1998 eine allgemeine Berücksichtigungspflicht der Bodennutzung vorsah, beschränkte sich diese in § 5 Abs. 1 BNatSchG 2002 auf eine „natur- und landschaftsverträgliche" Bodenbewirtschaftung. Zudem wurden in § 5 Abs. 3 BNatSchG erstmals Anforderungen an biotopvernetzende Landschaftselemente

---

[29] Vgl. Falke (2020, S. 246 ff., 2021a, S. 186 ff., b, S. 435 ff.) und Isermeyer et al. (2020, S. 17 ff., 34 ff.).
[30] Vgl. Zinke (2024b, S. 212 ff. mwN) und Koch et al. (2024, § 7 Rn. 16 ff.).
[31] Vgl. Zinke (2024b, S. 223 ff.).
[32] Zur Entwicklung der gfP, Zinke (2024b, S. 224 ff.).

sowie Grundsätze der gfP normiert (§ 5 Abs. 4–6 BNatSchG). Diese Neuregelungen zielten darauf ab, Regelungslücken hinsichtlich nichtstofflicher Bewirtschaftungswirkungen zu schließen. Allerdings stieß die gfP auf Kritik, insbesondere seitens des Bundesrats. Bedenken betrafen Vollzugsprobleme, finanzielle Mehrbelastungen und die Gefährdung bestehender Fördermöglichkeiten. Der Bundesrat plädierte dafür, Anforderungen an die Landwirtschaft allgemein zu formulieren und konkrete Maßnahmen den Fachgesetzen zu überlassen. Dennoch setzte die Bundesregierung die vorgesehenen Änderungen durch. Eine weitere Anpassung erfolgte mit der BNatSchG-Novelle 2010. Insgesamt zeigt sich, dass das Bewirtschaftungsprivileg über die Jahre stark eingeschränkt wurde, begleitet von einer deutlichen Ökologisierung der gesetzlichen Vorgaben.[33]

§ 5 Abs. 1 BNatSchG regelt heute das Verhältnis von Naturschutz und Flächenbewirtschaftung und betont die Bedeutung einer natur- und landschaftsverträglichen Bewirtschaftung für den Erhalt von Kultur- und Erholungslandschaften. Diese Regelung ist bei Naturschutzmaßnahmen und Landschaftspflege zu berücksichtigen und stellt eine Gewichtungsregel dar, die in Entscheidungen und Begriffsauslegungen Anwendung findet. Der Begriff umfasst die tägliche Wirtschaftsweise der Land-, Forst- und Fischereiwirtschaft, jedoch nicht Maßnahmen zur Aufnahme oder Intensivierung der Nutzung, wie etwa den Wechsel von Acker- zu Grünland.[34] Die Anforderungen einer „natur- und landschaftsverträglichen Bewirtschaftung" orientieren sich an den Grundsätzen der gfP, die in § 5 Abs. 4–6 BNatSchG und in Fachgesetzen normiert sind. Die rechtliche Privilegierung der Landwirtschaft nach der gfP und ihre somit bestehende Sonderstellung bleibt trotz Strukturwandel und globaler Marktintegration gerechtfertigt.[35] Sie sichert weiterhin die nationale Lebensmittelversorgung und gewährleistet in vielen Bereichen eine Eigenbedarfsdeckung über 100 %. Die jüngsten Krisen, wie der Ukraine-Konflikt, haben die Rolle der Landwirtschaft als unverzichtbarer Nahrungsmittelgarant deutlich unterstrichen.

Neben dem Ordnungsrecht spielt das Kooperationsprinzip beim Umweltschutz der Landwirtschaft eine zentrale Rolle.[36] § 2 Abs. 7 Satz 1 BNatSchG betont die Bedeutung der Mitwirkung Dritter bei der Umsetzung der Ziele des Naturschutzes und der Landschaftspflege. Durch die Einbindung von Landnutzern soll die Akzeptanz und Umsetzung umweltrechtlicher Vorgaben gesteigert werden.[37] § 3

---

[33] Vgl. Frenz und Müggenborg (2024, § 5 Rn. 3 f.).
[34] Vgl. BVerwGE 67, 93.
[35] Hierzu auch Abschn. 3.3.
[36] Vgl. Rengeling (1988, S. 13).
[37] Vgl. Bussche (2001, S. 167) und Breuer (1998, S. 343).

3.2 Effekte von Regulierungsmaßnahmen

Abs. 3 BNatSchG sieht vor, dass bei Naturschutzmaßnahmen vorrangig geprüft wird, ob die Ziele durch Vertragsnaturschutz erreicht werden können. Dabei handelt es sich um freiwillige vertragliche Vereinbarungen zwischen Behörden und Landnutzern, oft verbunden mit finanziellen Anreizen. Solche Maßnahmen, wie die Anlage von Blühstreifen oder der Verzicht auf Pflanzenschutzmittel, sollen die Kooperationsbereitschaft fördern und das Spannungsverhältnis im Naturschutzrecht entschärfen. Erstmals rechtlich geregelt wurde der Vertragsnaturschutz 1998, obwohl er zuvor gängige Praxis war.[38] Ein Dauerstreit über den Vorrang gegenüber ordnungsrechtlichen Maßnahmen führte zu einer Kompromissregelung: Es besteht eine Prüfpflicht, jedoch kein genereller Vorrang. Vertragsnaturschutz hat gegenüber dem Ordnungsrecht Grenzen, etwa durch seine zeitliche Begrenzung und fehlende Drittwirkung. Er kann ordnungsrechtliche Festsetzungen wie Schutzgebietsausweisungen nicht ersetzen, sondern ergänzt diese in spezifischen Konstellationen. Die Pflicht zur Prüfung umfasst eine ernsthafte Abwägung aller relevanten Gesichtspunkte, darunter die Leistungsfähigkeit und Zuverlässigkeit der Vertragspartner. Gleichzeitig ist der Vertragsnaturschutz nur dort möglich, wo ein eigener Regelungsinhalt über bestehende ordnungsrechtliche Vorgaben hinaus besteht. Der Übergang zu kooperativen Lösungsansätzen verdeutlicht die Grenzen klassischer hierarchischer Instrumente in der modernen Gesellschaft.[39]

Zudem gibt es den Ansatz, ökologische Leistungen ökonomisch zu bewerten und hierdurch einen Anreiz für nachhaltige Landnutzung zu schaffen, wie etwa durch die Vergabe von Ökopunkten. Ökopunkte sind ein Bewertungsinstrument, das zur Quantifizierung und Bewertung ökologischer Maßnahmen und Leistungen eingesetzt wird. Im landwirtschaftlichen Kontext dienen sie dazu, den ökologischen Wert von Flächen oder Maßnahmen zu bewerten, beispielsweise im Rahmen von Kompensationsmaßnahmen, Agrarumweltprogrammen oder Naturschutzstrategien. Die Vergabe von Ökopunkten erfolgt nach definierten Bewertungskriterien, die ökologische Funktionen und Beiträge einer Fläche zur Biodiversität oder zum Landschaftswasserhaushalt berücksichtigen. Durch Ökopunkte können Ausgleichs- und Ersatzmaßnahmen nach §§ 15, 16 BNatSchG über ein sogenanntes Ökokonto gutgeschrieben werden, wodurch diese zu einem späteren Zeitpunkt als Kompensationsmaßnahmen angerechnet werden können. Gleichzeitig hat der Eigentümer eines Ökokontos die Möglichkeit, die angesammelten Ökopunkte auf dem freien Markt zu veräußern und somit anderen

---

[38] BGBl. I S. 823; vgl. Meßerschmidt und Schumacher (2025, § 3 Rn. 13 ff.).
[39] Vgl. Zinke (2024b, S. 216 ff.) und Bussche (2001, S. 167).

Akteuren für deren Kompensationsverpflichtungen zur Verfügung zu stellen. Ähnlich funktioniert auch die Plattform AgoraNatura. Diese Plattform ermöglicht Landwirten, Naturschutzprojekte mithilfe von Crowdfunding oder direkten Partnerschaften mit Unternehmen oder Privatpersonen zu finanzieren. Im Gegenzug erhalten Investoren „Naturschutzzertifikate", die die durchgeführten Naturschutzmaßnahmen dokumentieren. Dieses Modell stellt eine Alternative neben der staatlichen Finanzierung dar und trägt das Potenzial in sich, private Mittel in den Umweltschutz zu lenken. Attraktiv erscheint dabei, dass die Landwirte in den Prozess eingebunden werden und durch den Verkauf von Zertifikaten zusätzlich Einnahmen erzielen können.[40]

Die GAP ist das zentrale Instrument zur Regulierung der Landwirtschaft in Europa. Sie kombiniert finanzielle Förderungen mit Umwelt-, Klima- und Tierwohlauflagen, um eine nachhaltige und wettbewerbsfähige Agrarwirtschaft zu fördern. Reformen legen den Fokus zunehmend auf ökologische Nachhaltigkeit und ländliche Entwicklung. Neben der Marktregulierung soll die GAP die Transformation der Landwirtschaft hin zu mehr Umweltfreundlichkeit und Resilienz unterstützen.

3.2.2 Ökonomische Auswirkungen der Ökologisierung

Die Umsetzung von Naturschutzmaßnahmen führt in der Regel zu Nutzungsbeschränkungen und erhöhtem Aufwand für landwirtschaftliche Betriebe. Besonders betroffen sind konventionell wirtschaftende Betriebe, die auf maximale Erträge ausgerichtet sind. Naturschutzauflagen, insbesondere in Schutzgebieten mit hohem ökologischem Wert wie FFH-Gebieten, führen häufig zu erheblichen Ertragseinbußen und wirtschaftlichen Belastungen.

Ein Schwerpunkt der Maßnahmen liegt auf der extensiven Bewirtschaftung von Dauergrünland. Die Umwandlung von Ackerland in Dauergrünland, die in vielen Regionen angestrebt wird, kann jedoch erhebliche wirtschaftliche Nachteile mit sich bringen. Dies betrifft vor allem Milchviehbetriebe, die auf Ackergras und Silomais angewiesen sind. Eine solche Umwandlung kann Flächen vernässen, sodass die Bewirtschaftung erschwert und die Qualität des Futters gemindert wird. Vernässte Flächen sind zudem oft von giftigen Pflanzen wie dem Sumpfschachtelhalm betroffen und damit für die Nutzung durch Milchkühe und Rinder weiter eingeschränkt. Zusätzlich erschweren Spätschnittauflagen, die zum

---

[40] Vgl. Drees (2025, S. 27).

3.2 Effekte von Regulierungsmaßnahmen

Schutz von Wiesenbrütern erst einen Schnitt ab dem 20. Juni erlauben, die Futterproduktion. Dies führt zu einer signifikanten Verschlechterung der Futterqualität, insbesondere hinsichtlich Energie- und Proteingehalt sowie Verdaulichkeit. Extensivierungsauflagen können jährliche Verluste von über 500 €/ha verursachen und damit insbesondere spezialisierte Milchviehbetriebe in Großschutzgebieten existenziell gefährden.[41]

Damit landwirtschaftliche Betriebe Biodiversitätsmaßnahmen akzeptieren, müssen finanzielle Ausgleichszahlungen sowohl den Mehraufwand als auch die entgangenen Erträge vollständig abdecken. Zudem ist eine langfristige Garantie dieser Zahlungen erforderlich, um Planungssicherheit für die Betriebe zu gewährleisten. Die ökonomischen Auswirkungen von Naturschutzmaßnahmen beschränken sich nicht allein auf Einkommenseinbußen, sondern umfassen auch bedeutende Einflüsse auf die Vermögenslage landwirtschaftlicher Betriebe.[42] Insbesondere durch Schutzgebietsausweisungen kann der Flächenwert erheblich beeinträchtigt werden. Solche Flächen werden von Banken bei Beleihungen nur noch eingeschränkt anerkannt, wodurch das betriebliche Rating verschlechtert wird. Da Kredite und dingliche Nutzungen üblicherweise grundbuchlich mit dem Flächenwert abgesichert werden, entsteht für die Betriebe ein erhebliches Finanzierungsrisiko. Die Wertminderung von Acker- und Grünlandflächen wirkt sich auch negativ auf Pachteinnahmen und die Funktion der Flächen als Altersabsicherung aus. Der Flächenwert beruht auf der Ertragswert-, Baurecht- und Nährstoffverwertungskomponente, die durch Bewirtschaftungsauflagen, etwa Düngeverbote, beeinträchtigt werden können. Studien zeigen, dass die Einbeziehung von Flächen in Schutzgebiete Wertverluste von bis zu 50 % verursacht. Zudem führen Schutzgebietsausweisungen zu einem Anstieg der Pachtpreise für Flächen außerhalb der Schutzgebiete, während Flächen innerhalb der Gebiete aufgrund von Nutzungsbeschränkungen an Wert verlieren. Die bestehenden Ausgleichszahlungen, auch durch den Vertragsnaturschutz, können diese Wertverluste weder vollständig noch dauerhaft kompensieren. Hohe Pachtpreise erschweren es den Betrieben zusätzlich, auf nicht betroffene Flächen auszuweichen, sodass ihre wirtschaftliche Situation weiter belastet wird.

Die wirtschaftliche Lage in der konventionellen Landwirtschaft unterscheidet sich im Übrigen erheblich von dem ökologischen Landbau. Mit dem Ziel, bis 2030 einen Anteil von 30 % ökologisch bewirtschafteter Fläche zu erreichen, wird der Ökolandbau durch Förderprogramme der GAP unterstützt. Wegen eines niedrigen Ertragsniveaus und eines höheren Arbeitsaufwands sind Öko-Landwirte

---

[41] Vgl. Mährlein (2017, S. 6 ff.).
[42] Vgl. Mährlein (2017, S. 10 f.) und Zinke (2024b, S. 75).

trotz deutlich geringerer Ausgaben für Betriebsmittel auf höhere Erzeugerpreise und Ökoprämien angewiesen, um wirtschaftlich bestehen zu können.[43] Umstellungen erfordern zusätzliche Maßnahmen wie eine angepasste Sortenwahl und den Verzicht auf Pflanzenschutzmittel. Die dadurch entstehenden Ertragsverluste und höheren Kosten werden durch Fördermittel und Preisaufschläge für Bioprodukte kompensiert, sodass der Gewinn im Ökolandbau in den letzten Jahren durchschnittlich um 18 % höher lag als in der konventionellen Landwirtschaft, trotz geringerer Erträge.[44] Die Expansion des Biomarktes ist jedoch begrenzt, da der wirtschaftliche Vorteil des Ökolandbaus stark von politischer Unterstützung abhängt. Der zunehmende Preisdruck durch den Einzelhandel und Discounter hat bereits zu Einkommensrückgängen geführt, wie ein Rückgang der Biolandwirte-Einkommen um 23 % im Wirtschaftsjahr 2018/19 zeigt. Dies hat vermehrt zu Rückumstellungen auf konventionelle Landwirtschaft geführt.[45] Hierdurch wird verdeutlicht, dass die Wirksamkeit solcher Einkommensausgleiche im Markt nur begrenzt ist.[46]

3.3 Gesellschaftliche Bedeutung und öffentliche Wahrnehmung

Die Landwirtschaft spielt eine zentrale Rolle in unserer Gesellschaft.[47] Sie ist nicht nur für die Versorgung der Bevölkerung mit Nahrungsmitteln essenziell, sondern trägt auch zur wirtschaftlichen Stabilität bei. Landwirte pflegen Kulturlandschaften und tragen so zum Erhalt der Biodiversität bei.[48] Zudem ist die Landwirtschaft in einigen Regionen immer noch ein bedeutender Arbeitgeber und stärkt damit die soziale Struktur dieser Gebiete. Darüber hinaus hat die Landwirtschaft eine kulturelle Dimension, da sie traditionelle Anbau- und Ernährungsmethoden bewahrt und weitergibt. In einer zunehmend globalisierten Welt bleibt die Landwirtschaft ein Fundament der nationalen Souveränität und Ernährungssicherheit.

Dagegen ist die öffentliche Wahrnehmung der Landwirtschaft ein komplexes und ambivalentes Thema, das von gesellschaftlichen, ökologischen und

---

[43] Vgl. BMEL (2023, S. 26).
[44] Vgl. Steinführer et al. (2012, S. 24) und BMEL (2023, S. 24).
[45] Vgl. Kuhnert et al. (2013, S. 85 ff.) und Zinke (2019).
[46] Vgl. Zinke (2024b, S. 77).
[47] Vgl. Jensen (2021, S. 30).
[48] Vgl. UBA (2015, S. 12) und Müller-Kroehling (2013, S. 7 f.).

3.3 Gesellschaftliche Bedeutung und öffentliche Wahrnehmung

wirtschaftlichen Faktoren geprägt wird. Während die Landwirtschaft als unverzichtbare Grundlage der Nahrungsmittelversorgung anerkannt wird, stehen ihre Produktionsmethoden zunehmend im Fokus der Kritik. Früher galt der Landwirt als „bester Naturschützer und Landschaftspfleger", doch heutzutage wird er oft als „Umweltbelaster" angesehen.[49] Themen wie Umweltbelastung durch intensive Bewirtschaftung, Tierwohl und Klimawandel haben das Bild der Branche verändert. Gleichzeitig wächst die Wertschätzung für nachhaltige, regionale und ökologische Produktionsweisen, was sich in der Nachfrage nach entsprechenden Produkten zeigt. Die Diskrepanz zwischen gesellschaftlichen Erwartungen und den wirtschaftlichen Realitäten landwirtschaftlicher Betriebe stellt eine der zentralen Herausforderungen dar. Öffentlichkeitsarbeit, Transparenz und der Dialog zwischen Landwirtschaft und Gesellschaft sind daher entscheidend, um das Verständnis für die Rolle und die Herausforderungen der Branche zu fördern. Eine Ansicht in der Literatur sieht das Ziel, die Landwirtschaft als Garanten der nationalen Nahrungsmittelversorgung zu fördern als „aus der Zeit gefallen" an.[50] Die überwiegende Auffassung beschreibt die Beachtung der landwirtschaftlichen Sonderstellung hingegen als „zwingend erforderlich".[51]

Diese Kontroverse über die Bedeutung der Landwirtschaft für die Gesellschaft spiegelt die aktuelle Diskussion wider, ob die Sonderstellung und Privilegierung der Landwirtschaft in der Wirtschaft und im Recht angesichts des Strukturwandels und der Integration in den Weltmarkt noch gerechtfertigt ist.[52] Gleichzeitig bestehen Bestrebungen, diese Sonderstellung weiter abzusichern und die Ernährungssicherung ins Grundgesetz aufzunehmen.[53] Das Absprechen der Sonderrolle der Landwirtschaft kann auch nicht unterstützt werden. Die Landwirtschaft nimmt eine herausragende Stellung unter allen Wirtschaftszweigen ein, da sie in einer arbeitsteiligen Gesellschaft die grundlegende Versorgung der Menschen sicherstellt. Dieses übergeordnete Gemeinwohlinteresse macht einen besonderen staatlichen Schutz notwendig und gerechtfertigt. Dieser Schutz konzentriert sich auf drei zentrale Aspekte: die Sicherstellung der landwirtschaftlichen Produktion, den Erhalt einer nachhaltigen Agrarstruktur und die Gewährleistung der

---

[49] Vgl. Schlagheck (1993, S. 523), Storm (1986, S. 8), Schur (1990, S. 26) und Zinke (2024b, S. 41).
[50] Vgl. Wolf (2022, S. 204 f.).
[51] Vgl. Zinke (2024b, S. 41).
[52] Vgl. Pitschel (2021, S. 491, 557), Zinke (2024b, S. 66, 227), Jensen (2021, S. 29 f.) und Martinez (2022, S. 2).
[53] Vgl. Lehmann (2024) und Martinez (2022, S. 2 ff.).

Ernährungsversorgung.[54] Die deutsche Landwirtschaft ist und bleibt insbesondere ein entscheidender Faktor für die nationale Lebensmittelversorgung und sichert aktuell den Eigenbedarf in vielen Bereichen zu mehr als 100 %. Die jüngsten Entwicklungen im Zuge des Ukraine-Krieges haben eindrucksvoll verdeutlicht, dass der Landwirtschaft ihre Rolle als Garant der Nahrungsmittelversorgung nicht abgesprochen werden kann.[55] Neben ihrer Erzeugerfunktion und Funktion zur Sicherung der Versorgung ist zudem ihre Standortabhängigkeit als Besonderheit zu berücksichtigen.[56]

---

[54] Vgl. Martinez (2022, S. 2).
[55] Vgl. Zinke (2024b, S. 227) und aA Wolf (2022, S. 204 f.).
[56] Vgl. Pitschel (2021, S. 491 ff., 557).

Potenziale für eine Zukunft 4

Die Landwirtschaft steht vor der Herausforderung, ihre Produktion und Struktur in einer sich dynamisch verändernden globalen Wirtschaft zu sichern und gleichzeitig ökologische und soziale Anforderungen zu erfüllen. In einer Sozialen Marktwirtschaft eröffnen sich verschiedene Potenziale, die es der Landwirtschaft ermöglichen können, ihre Rolle als nachhaltiger und zukunftsfähiger Wirtschaftszweig zu stärken, ohne die Prinzipien des sozialen Ausgleichs und der Marktordnung zu gefährden.

4.1 Leitbild: Motivation

Angesichts globaler Krisen wie Klimawandel, geopolitischen Konflikten und pandemiebedingten Störungen gewinnt die Entwicklung eines tragfähigen Leitbilds für die Zukunft an Bedeutung. Im Rahmen der Sozialen Marktwirtschaft kann ein solches Leitbild als Motivation dienen, die Landwirtschaft resilienter und nachhaltiger zu gestalten. Eine Landwirtschaft, die sich an einem zukunftsorientierten Leitbild orientiert, ist ein wesentlicher Baustein des Krisenschutzes. In Zeiten von Versorgungsengpässen kann eine resilient strukturierte Landwirtschaft eine konstante Versorgung mit Grundnahrungsmitteln sicherstellen. Gleichzeitig trägt sie dazu bei, die Auswirkungen globaler Schocks abzufedern. Dabei geht es nicht nur um die Sicherung der Versorgung, sondern auch um die Schaffung eines stabilen, anpassungsfähigen Systems, das sowohl ökonomische Effizienz als auch gesellschaftliche Verantwortung integriert.

Ein zukunftsweisendes Leitbild für die Landwirtschaft in der Sozialen Marktwirtschaft kann somit insbesondere auf den Prinzipien Resilienz und Nachhaltigkeit basieren. Resilienz umfasst die Fähigkeit, Krisen abzufedern und sich an neue Gegebenheiten anzupassen. Nachhaltigkeit zielt darauf ab, natürliche Ressourcen schonend zu nutzen und langfristige ökologische Stabilität zu gewährleisten. Dabei können motivierende Faktoren für Landwirte und Akteure vielfältig sein. Attraktive Förderungen und stabile Absatzmärkte können als wirtschaftlicher Anreiz etwa die Bereitschaft erhöhen, in resiliente und nachhaltige Strukturen zu investieren. Rechtliche Sicherheit, die eine langfristige Planung gewährleistet, kann dies ebenfalls fördern. Daneben kann die Wahrnehmung der Landwirtschaft als zentraler Bestandteil der Krisenbewältigung und somit durch gesellschaftliche Anerkennung das Berufsethos und die Motivation stärken. Im Übrigen können verlässliche Rahmenbedingungen durch langfristige Sicherheit die Planungssicherheit und das Vertrauen in politische Maßnahmen fördern. Darüber hinaus kann durch Bildungsprogramme, der Förderung von Kooperationen oder Kommunikationskampagnen zur Sensibilisierung der Bevölkerung für die Bedeutung einer resilienten Landwirtschaft und Förderung der Akzeptanz nachhaltiger Konsumentscheidungen die Motivation aller Akteure gestärkt werden.

4.2 Wirtschaftliche Möglichkeiten

Die Landwirtschaft als integraler Bestandteil der Sozialen Marktwirtschaft bietet erhebliche wirtschaftliche Potenziale, die durch innovative Ansätze und gezielte wirtschaftspolitische Maßnahmen erschlossen werden können. Ein zukunftsorientierter Fokus auf Effizienzsteigerung, Diversifikation und Marktintegration ist entscheidend, um den Sektor nachhaltig profitabel zu gestalten.

Hierbei spielt die Effizienzsteigerung durch Technologie und Digitalisierung eine bedeutende Rolle. Die Einführung digitaler Technologien revolutioniert die wirtschaftlichen Möglichkeiten der Landwirtschaft. Präzisionslandwirtschaft, Sensorik und KI-gestützte Systeme ermöglichen eine gezielte Bewirtschaftung von Ressourcen wie Dünger, Wasser und Energie. Die daraus resultierenden Einsparungen können Produktionskosten erheblich senken und steigern die Wettbewerbsfähigkeit der Betriebe. Investitionen in Agrartechnologien haben sich zudem als wirtschaftlich nachhaltig erwiesen, da sie nicht nur Kosten reduzieren, sondern auch höhere Erträge ermöglichen und Risiken durch Wetter- oder Marktschwankungen minimieren.

Ein weiteres Potenzial liegt in der Integration sozialer Aspekte in die landwirtschaftliche Produktion. Die Schaffung fairer Arbeitsbedingungen, die Förderung

4.2 Wirtschaftliche Möglichkeiten

von Inklusion und der Erhalt von Arbeitsplätzen in ländlichen Regionen sind essenziell, um die Landwirtschaft als Teil eines sozialen Ausgleichsmodells weiterzuentwickeln. Insbesondere in der Fachkräftegewinnung und -bindung bietet die Ausbildung und Qualifikation von Arbeitskräften, insbesondere in technologieorientierten Bereichen der Landwirtschaft, langfristige Potenziale. Dies kann zu einer Stärkung des ländlichen Raums und einer Verringerung der Abwanderung von Arbeitskräften führen, wodurch die soziale Kohäsion im ländlichen Raum gefördert wird.

Daneben ist die Diversifikation von Einkommensquellen eine zentrale wirtschaftliche Strategie für landwirtschaftliche Betriebe. Neben der klassischen Produktion von Lebensmitteln eröffnen Bioenergie, erneuerbare Energien, Agrotourismus und Direktvermarktung neue Einnahmequellen. Diese Ansätze stärken die Resilienz der Betriebe gegenüber Preisschwankungen auf globalen Märkten und ermöglichen eine bessere Nutzung bestehender Ressourcen. Besonders in ländlichen Regionen tragen solche Initiativen zur Schaffung von Arbeitsplätzen und zur Stabilisierung der regionalen Wirtschaft bei.

Daneben kann eine Endbürokratisierung die Agrarwirtschaft fördern. Eine solche Endbürokratisierung zielt darauf ab, übermäßige administrative Hürden abzubauen und regulatorische Prozesse effizienter zu gestalten. Insbesondere in der Agrarwirtschaft führen komplexe Dokumentationspflichten, lange Genehmigungsverfahren und strenge Berichtspflichten zu erheblichen Zeit- und Kostenbelastungen für Unternehmen. Eine Reduzierung bürokratischer Vorgaben kann hingegen die Wettbewerbsfähigkeit stärken, indem sie Unternehmen mehr Handlungsspielraum gibt und Innovationen erleichtert. Empirische Studien zeigen, dass eine Verringerung des Verwaltungsaufwands Investitionen fördert, da Ressourcen verstärkt in produktive Bereiche gelenkt werden können.[1] Zudem können schnellere Entscheidungsprozesse und eine vereinfachte Antragsstellung dazu beitragen, dass wirtschaftliche Potenziale schneller genutzt werden. Gerade für kleine und mittelständische Betriebe, die häufig über begrenzte personelle und finanzielle Kapazitäten verfügen, kann eine Entlastung von bürokratischen Verpflichtungen entscheidend für ihre wirtschaftliche Stabilität und ihr Wachstum sein. Langfristig kann eine gezielte Entbürokratisierung daher nicht nur die Effizienz der Wirtschaft steigern, sondern auch strukturelle Innovationsprozesse unterstützen und die internationale Wettbewerbsfähigkeit stärken.

Zudem bietet die Stärkung regionaler Wertschöpfungsketten wirtschaftliche Vorteile. Durch die Vermarktung regionaler Produkte können Landwirte höhere

---

[1] Vgl. Enste und Hardege (2007, S. 8 f.) und Falck et al. (2024, S. 3).

Preise erzielen und sich von den globalen Preiswettbewerben teilweise entkoppeln. Denn Verbraucher sind zunehmend bereit, für regionale und nachhaltige Produkte höhere Preise zu zahlen. Die Entwicklung von Markenstrategien, die die Qualität und Herkunft betonen, eröffnet zusätzlichen Spielraum für Preisaufschläge. Gleichzeitig können regionale Kooperationen zwischen Betrieben und verarbeitenden Unternehmen die Verhandlungsmacht der Landwirte gegenüber großen Handelsketten erhöhen.

Großes Potenzial liegt ferner in der Förderung der Multifunktionalität der Landwirtschaft. Landwirtschaftliche Betriebe sind nicht nur Produzenten von Nahrungsmitteln, sondern auch Träger von Landschaftspflege, Naturerhaltung und sozialer Verantwortung. In einer sozialen Marktwirtschaft kann durch geeignete politische Rahmenbedingungen, wie der verstärkten Einbindung von Umwelt- und Klimaschutzleistungen in die Agrarpolitik, ein Ausgleich zwischen wirtschaftlichen Interessen und gesellschaftlichen Anforderungen erzielt werden. Ein zentraler wirtschaftlicher Aspekt der landwirtschaftlichen Zukunft liegt dabei in der effizienten Nutzung von Förderprogrammen, insbesondere im Rahmen der GAP der EU. Die Umschichtung von Mitteln in die zweite Säule der GAP, die nachhaltige Maßnahmen und Innovationen fördert, bietet Betrieben gezielte Unterstützung bei der Anpassung an neue Herausforderungen. Förderungen für den ökologischen Landbau oder nachhaltige Praktiken können wirtschaftliche Risiken ausgleichen und die Attraktivität solcher Maßnahmen erhöhen. Programme, die den Übergang zu umweltfreundlicheren Produktionsmethoden wie dem Ökolandbau oder der integrativen Landwirtschaft unterstützen, stellen ein wichtiges Instrument dar. Diese Produktionsweisen fördern nicht nur die Ressourcenschonung, sondern bieten auch Potenziale für eine differenzierte Marktstrategie, sodass Nachhaltigkeit nicht mehr nur eine ökologische Notwendigkeit darstellt, sondern auch wirtschaftliche Chancen bietet. Denn, „wäre Naturschutz profitabel, so gäbe es ihn so wie jedes andere profitable Gewerbe"[2] auch. Hier gilt es für die gewünschten Effekte nachzubessern. Gleichzeitig müssen innovative Finanzierungsmodelle entwickelt werden, die den Zugang zu Kapital erleichtern und Investitionen in zukunftsorientierte Technologien fördern.

---

[2] Vgl. Hampicke (2013, S. 5) und Zinke (2024b, S. 83 f.).

4.3 Krisenschutz: Produktion vor Ort

Die Landwirtschaft nimmt in der Sozialen Marktwirtschaft insbesondere im Hinblick auf ihre Funktion als Krisenpuffer eine zentrale Rolle ein. Naturkatastrophen, Tierseuchen und geopolitische Konflikte wirken sich auf die Lebensmittelversorgung aus. So hat etwa der Krieg in der Ukraine spürbare Auswirkungen auf die Versorgungslage in Deutschland. Als einer der weltweit größten Exporteure von Getreide und Sonnenblumenöl ist die Ukraine ein zentraler Akteur in der globalen Agrarwirtschaft. Durch blockierte Lieferketten, zerstörte Infrastruktur und reduzierte Ernteerträge sind wichtige Rohstoffe knapper und teurer geworden. Dies führt zu steigenden Preisen für Grundnahrungsmittel wie Brot und Speiseöl.[3] Zudem sind die Kosten für Düngemittel und Energie aufgrund der Abhängigkeit von russischen Importen stark gestiegen, sodass die landwirtschaftliche Produktion in Deutschland weiter belastet wurde. Die Unsicherheiten auf den globalen Märkten und die anhaltenden geopolitischen Spannungen lassen erwarten, dass die Lebensmittelpreise in naher Zukunft volatil bleiben könnten.

Das Stärken der lokalen Produktion kann hier Abhilfe schaffen. Eine lokale Produktion trägt dazu bei, die Resilienz der Versorgungsketten zu stärken und die Abhängigkeit von globalen Märkten zu reduzieren.[4] In diesem Kontext ist auch der Erhalt und die Stärkung des Selbstversorgungsgrades Deutschlands von besonderer Bedeutung. Angesichts aktueller Herausforderungen wie geopolitischer Konflikte, Klimawandel und pandemiebedingter Unterbrechungen ist die Stärkung einer regional orientierten Landwirtschaft von entscheidender Bedeutung. Lokale Produktion gewährleistet eine stabile Versorgung mit Grundnahrungsmitteln, insbesondere in Krisenzeiten. Sie minimiert Transportwege und die damit verbundenen Risiken, etwa durch unterbrochene Logistik oder steigende Energiekosten. Zudem schützt sie vor Preisschocks auf globalen Märkten, die durch plötzliche Angebotsengpässe oder politische Maßnahmen wie Exportbeschränkungen ausgelöst werden können.

Eine stärker regional ausgerichtete Landwirtschaft fördert die wirtschaftliche Stabilität sowohl der Betriebe als auch der Verbraucher. Betriebe profitieren von einer erhöhten Nachfrage nach regionalen Produkten, die häufig höhere Preise erzielen können. Gleichzeitig bleibt ein größerer Anteil der Wertschöpfung in den jeweiligen Regionen, wodurch positive Effekte auf die ländliche Wirtschaft entstehen. Verbraucher wiederum profitieren von einer stabilen Versorgung zu vorhersehbaren Preisen, da regionale Produktion weniger anfällig für globale

---

[3] Vgl. Statistisches Bundesamt (2025).
[4] Vgl. Petersen (2020, S. 8).

Preisschwankungen ist. Um die Potenziale der lokalen Produktion zu stärken, sind gezielte politische Maßnahmen erforderlich. Dazu gehören Investitionen in regionale Infrastruktur, Förderprogramme für regionale Betriebe, regulative Maßnahmen wie Anreize für öffentliche Einrichtungen regionale Produkte zu verwenden sowie die Stärkung der Direktvermarktung. Kürzere Transportwege reduzieren den CO_2-Ausstoß und fördern die Klimaschutzziele.

Für die Stärkung des regionalen Anbaus dürfen die Umwelt- und Produktionsregulierungen zudem nicht überbordend sein. Strenge Umwelt- und Produktionsregulierungen zielen darauf ab, Umweltbelastungen und soziale Missstände innerhalb der eigenen Landesgrenzen zu reduzieren. Sie können jedoch unbeabsichtigte Nebenwirkungen haben, wie die „Problemverschiebung" ins Ausland. Dieses Phänomen tritt auf, wenn die strengen Vorgaben dazu führen, dass Unternehmen ihre Produktion in Länder mit weniger strikten Regulierungen verlegen. Während die betroffenen Industrieländer ihre Umweltziele nominell erreichen, werden die globalen Umweltbelastungen dadurch nicht unbedingt reduziert, sondern lediglich verlagert. Trotz der Potenziale der lokalen Produktion bestehen auch Herausforderungen, wie etwa die Konkurrenzfähigkeit gegenüber globalen Märkten und die begrenzte Skalierbarkeit.

Daneben besteht in Deutschland eine hohe Flächenkonkurrenz mit Anlagen für erneuerbare Energien, der Forstwirtschaft sowie dem Siedlungs- und Straßenbau und damit nur eine begrenzte Ausbaufähigkeit der lokalen Produktion. Lösungen hierfür liegen in der Förderung von Innovationen, etwa durch digitale Technologien zur Effizienzsteigerung oder Züchtungen sowie der Einsatz von Hilfsmitteln wie Folien oder Bewässerungsanlagen, die den spezifischen Anforderungen regionaler Anbaubedingungen gerecht werden. Auch die Sensibilisierung der Verbraucher für die Bedeutung regionaler Produkte spielt eine zentrale Rolle.

4.4 Die Ressource Boden: Nutzung und Schutz im Fokus

Für die Sicherung der Produktion vor Ort müssen jedoch ebenfalls die passenden rechtlichen Rahmenbedingungen geschaffen werden. Der Wirtschaftsfaktor Fläche stellt eine begrenzte Ressource dar. Der Schutz landwirtschaftlicher Flächen gewinnt angesichts des steigenden Flächendrucks zunehmend an Bedeutung. Siedlungs- und Verkehrsentwicklung, der Ausbau erneuerbarer Energien sowie Naturschutzmaßnahmen führen zu einem stetigen Verlust agrarischer Nutzflächen. Da landwirtschaftliche Flächen eine begrenzte und nicht erneuerbare Ressource

4.4 Die Ressource Boden: Nutzung und Schutz im Fokus

darstellen, ist deren nachhaltige Sicherung unerlässlich. Seit den 1990er Jahren wurden in Deutschland etwa 1,4 Mio. Hektar landwirtschaftlicher Fläche in andere Nutzungen überführt, wobei der tägliche Verlust derzeit rund 109 Hektar beträgt.[5] Dieser Trend könnte sich durch Infrastrukturmaßnahmen sowie die Umsetzung von EU-Vorgaben weiter verstärken. Landwirtschaftliche Flächen sind jedoch essenziell für die Ernährungssicherung, den Klimaschutz sowie die wirtschaftliche Stabilität ländlicher Räume. Neben der Erzeugung von Nahrungs- und Futtermitteln tragen sie zur Erhaltung der Kulturlandschaft und Biodiversität bei. Zudem ist die Landwirtschaft ein wichtiger Faktor für die erneuerbare Energiegewinnung, insbesondere durch Biomasse, wodurch jedoch Nutzungskonflikte mit der Nahrungsmittelproduktion erzeugt werden. Vor diesem Hintergrund bedarf es wirksamer Instrumente zum Schutz landwirtschaftlicher Flächen.

4.4.1 Vorhandene Regelungen auf Bundesebene

Bereits bestehende rechtliche Regelungen adressieren den Flächenverbrauch in unterschiedlichem Maße. Das Baugesetzbuch enthält Vorschriften zum Bodenschutz (§ 1a Abs. 2 BauGB) sowie zur Begrenzung der Versiegelung (§ 179 Abs. 1 BauGB). Daneben berücksichtigt das Bundesnaturschutzgesetz agrarstrukturelle Belange bei Ausgleichsmaßnahmen (§ 15 Abs. 3 BNatSchG). Trotz dieser Regelungen zeigt sich, dass der Schutzmechanismus nicht ausreichend greift. Insbesondere fehlt es an verbindlichen Obergrenzen für den Flächenverbrauch sowie an einer konsequenten Umsetzung bestehender Vorgaben. Eine stärkere rechtliche Verankerung des landwirtschaftlichen Flächenschutzes, etwa durch ein Erhaltungsgebot, könnte dazu beitragen, die nachhaltige Nutzung dieser Ressource sicherzustellen und zukünftigen Nutzungskonflikten entgegenzuwirken.

4.4.2 Rechtliche Verankerung des Flächenschutzes

Angesichts der hohen Beanspruchung landwirtschaftlicher Flächen sollte deren Schutz rechtlich stärker verankert werden. Eine effektive Strategie könnte in einer Kombination aus einer Flächenschutzklausel, einer Ausgleichspflicht sowie einer verpflichtenden Prüfung alternativer Standorte bestehen. Der Schutz dieser Flächen kann insbesondere mit der Sicherstellung der Nahrungsmittelversorgung als Teil des Allgemeinwohls sowie mit dem Schutz der Kulturlandschaft als Natur

---

[5] Vgl. Osterburg et al. (2023, S. 68).

gerechtfertigt werden. Offen bleibt jedoch, in welchem gesetzlichen Rahmen diese Regelung umgesetzt werden könnte. Zunächst stellt sich die Frage, ob sämtliche landwirtschaftlichen Flächen gleichermaßen schützenswert sind. Besonders schützenswert sind diejenigen Böden, die sich aufgrund ihrer Beschaffenheit besonders für die Lebensmittelproduktion eignen. Als Bewertungskriterien könnten Bodenzahlen oder Ackerzahlen nach dem Bodenschätzungsgesetz herangezogen werden. Bodenzahlen reichen von 100 für sehr ertragreiche bis 7 für wenig ertragreiche Böden, während Ackerzahlen zusätzlich standortbezogene Faktoren wie Klima und Gelände berücksichtigen. Die Festlegung eines Schwellenwerts für schützenswerte Böden erfordert eine differenzierte Abwägung, wobei ein Wert zwischen 35 und 40 Bodenpunkten eine ausgewogene Lösung darstellen könnte. Ergänzend könnten digitale Bewertungsverfahren wie das „Soil Quality Rating", das mithilfe von Boden- und Standortkarten eine detailliertere Einschätzung des Ertragspotenzials ermöglicht, zur Identifikation geeigneter Flächen eingesetzt werden.[6]

Die Untersagung der anderweitigen Nutzung einer Fläche zugunsten der landwirtschaftlichen Bodennutzung fällt dabei unter das Bodenrecht und unterliegt der konkurrierenden Gesetzgebung gemäß Art. 74 Abs. 1 Nr. 18 GG. Dies bedeutet, dass die Gesetzgebungskompetenz der Länder insoweit ausgeschlossen ist, wie der Bund eine abschließende Regelung trifft.[7] Eine entsprechende Klausel im Landwirtschaftsgesetz würde ebenfalls auf der konkurrierenden Gesetzgebung nach Art. 74 Abs. 1 Nr. 17 GG basieren. Da der Bundesgesetzgeber im Bereich des Landwirtschaftsgesetzes bislang keine abschließende Regelung getroffen hat, könnten auch die Länder eine solche Klausel in ihren eigenen Landwirtschaftsgesetzen verankern. Ein Beispiel hierfür ist das Landwirtschaftsgesetz Baden-Württembergs, das eine Bodenschutzklausel enthält, die im Bundesrecht bislang fehlt. So schreibt § 16 Abs. 1 Landwirtschafts- und Landeskulturgesetz fest:

„Landwirtschaftlich Flächen stellen für die Landwirtschaft die zentrale Produktionsressource dar. Ein Ziel des Landes ist es, landwirtschaftliche Fläche zu schützen und zur Landschaftsentwicklung beizutragen. Für die landwirtschaftliche Nutzung besonders geeignete Böden sollen nach Möglichkeit geschont werden."

---

[6] Vgl. Thomas (2015, S. 101), Zinke (2024a, S. 147) und Czybulka et al. (2021, S. 304).
[7] Vgl. BVerfG, NuR (2022, S. 851 ff.).

4.4 Die Ressource Boden: Nutzung und Schutz im Fokus

Eine Schutzklausel für „besonders für die landwirtschaftliche Nutzung geeignete Böden" könnte als bodenrechtliche Regelung durch den Bund in § 35 BauGB verankert werden. Dabei wäre eine Einschränkung der Privilegierungstatbestände denkbar, indem der landwirtschaftliche Flächenschutz direkt in die einzelnen Privilegierungstatbestände des § 35 Abs. 1 BauGB integriert wird. Alternativ könnte eine allgemeine Ausnahme vorangestellt werden, die die Inanspruchnahme landwirtschaftlicher Flächen für sämtliche Privilegierungstatbestände begrenzt. Zudem ließe sich der landwirtschaftliche Flächenschutz als öffentlicher Belang in § 35 Abs. 3 BauGB normieren. Der Begriff der öffentlichen Belange ist dort nicht abschließend definiert, sondern wird durch eine beispielhafte Aufzählung wesentlicher Belange konkretisiert. Um Klarheit zu schaffen, wäre es sinnvoll, den Schutz von „für die landwirtschaftliche Nutzung besonders geeigneter Böden" ausdrücklich in diesen Katalog aufzunehmen. Darüber hinaus könnte eine Genehmigungspflicht für die Umwandlung landwirtschaftlicher Flächen im Landwirtschaftsgesetz des Bundes eingeführt werden – vergleichbar mit der Waldschutzklausel in § 9 BWaldG. Dabei müsste sichergestellt werden, dass eine solche Regelung nicht den Wertungen des § 35 BauGB widerspricht.[8]

Zur Sicherung landwirtschaftlicher Flächen können konkrete Zielwerte für die maximal zulässige Inanspruchnahme als übergeordnetes Steuerungsinstrument wirken und die Wirksamkeit flankierender Maßnahmen stärken. Eine rechtliche Verankerung auf Bundesebene sollte idealerweise im Raumordnungsgesetz erfolgen.[9]

4.4.3 Innovative Flächennutzungskonzepte

Der Ausbau erneuerbarer Energien erfordert neben geeigneten rechtlichen Rahmenbedingungen auch innovative Flächennutzungskonzepte. Eine zentrale Rolle spielt hierbei die Agri-Photovoltaik (Agri-PV), die eine gleichzeitige Nutzung landwirtschaftlicher Flächen für die Nahrungsmittelproduktion und die Erzeugung von Solarstrom ermöglicht. Seit der Novellierung des Erneuerbare-Energien-Gesetzes (EEG) im Jahr 2023 ist Agri-PV durch §§ 37, 38b Abs. 1 Satz 2 EEG förderfähig, sofern die Anlage eine Mindestaufständerung von 2,10 m aufweist, um die Bewirtschaftung mit landwirtschaftlichen Maschinen zu gewährleisten. Zudem wurden Agri-PV-Anlagen bis zu einer Größe von 2,5 Hektar durch § 35 Abs. 1 Nr. 9 BauGB im Außenbereich baurechtlich privilegiert.

---

[8] Vgl. Zinke (2024a, S. 149 f.).
[9] Vgl. Gröhn (2016, S. 80) und Zinke (2024a, S. 151).

▶Eine normative Definition von Agri-PV findet sich in der DIN SPEC 91.434, die **Agri-PV** als „kombinierte Nutzung ein und derselben Landfläche für landwirtschaftliche Produktion als Hauptnutzung und für Stromproduktion mittels einer PV-Anlage als Sekundärnutzung" beschreibt.

Förderfähige Agri-PV-Anlagen umfassen gemäß § 37 Abs. 1 Nr. 3 a–c EEG Solaranlagen mit gleichzeitigem Nutzpflanzenanbau, Anbau von Dauerkulturen oder mehrjährigen Kulturen sowie Dauergrünlandnutzung. Aus Gründen des Natur- und Klimaschutzes ist die Errichtung auf Moorböden ausgeschlossen.

Trotz der potenziellen Vorteile dieser Doppelnutzung bleibt ihre großflächige Umsetzung in der Landwirtschaft ungewiss. Agri-PV kann die Sonneneinstrahlung reduzieren, das Mikroklima verändern und die Wasserverteilung beeinflussen, wodurch Ertragseinbußen entstehen können. Diese Verluste variieren je nach angebauter Kultur und können zwischen 15 und 50 % betragen. Besonders in Niedersachsen geht man davon aus, dass Agri-PV aufgrund der dort verbreiteten Fruchtfolgen mit Weizen, Mais, Zuckerrüben und Raps nur eine untergeordnete Rolle spielen wird, da diese Kulturen unter Teilverschattung deutliche Ertragsminderungen aufweisen.[10] Entsprechend bleibt offen, inwieweit Agri-PV tatsächlich zur Flächeneffizienz und zum Ausbau erneuerbarer Energien in der landwirtschaftlichen Praxis beitragen kann.

4.4.4 Regulierung des Bodenmarkts

Die kontinuierliche Reduktion landwirtschaftlicher Flächen verringert das Angebot an Agrarland, während die Nachfrage gleichzeitig steigt. Neben Landwirten, die Flächen zur Bewirtschaftung benötigen, wächst auch das Interesse außerlandwirtschaftlicher Investoren an Agrarimmobilien als alternative Kapitalanlage. Insbesondere seit der Finanzkrise 2008 erwerben Investoren in erheblichem Umfang landwirtschaftliche Flächen, da diese als inflationssichere Anlage mit attraktiven Renditen gelten. Diese Entwicklung ist besonders in Ostdeutschland ausgeprägt und führt zu einem erheblichen Anstieg der Kauf- und Pachtpreise für Agrarland. Für landwirtschaftliche Betriebe wird es dadurch zunehmend schwieriger, wirtschaftlich tragfähige Preise für Flächen zu erzielen.[11]

Bereits in seiner Entscheidung vom 12. Januar 1967 – 1 BvR 169/63 – stellte das Bundesverfassungsgericht fest, dass das Grundgesetz keinen uneingeschränkt

---

[10] Vgl. NLT/NSGB (2022, S. 8).
[11] Vgl. Forstner et al. (2011, S. 89) und BMEL (2024).

4.4 Die Ressource Boden: Nutzung und Schutz im Fokus

freien Handel mit landwirtschaftlichen Grundstücken verlangt. Aufgrund der Unvermehrbarkeit und essenziellen Bedeutung des Bodens könne seine Nutzung nicht vollständig dem freien Markt überlassen werden. Vielmehr gebiete eine gerechte Rechts- und Gesellschaftsordnung, die Interessen der Allgemeinheit stärker zu berücksichtigen als bei anderen Vermögenswerten. Boden sei weder volkswirtschaftlich noch in seiner sozialen Funktion mit anderen Kapitalanlagen gleichzusetzen und könne daher im Rechtsverkehr nicht wie eine mobile Ware behandelt werden. So führte das Bundesverfassungsgericht in seinem Beschluss vom 12. Januar 1967 – 1 BvR 169/63 – aus: „Der Grund und Boden ist weder volkswirtschaftlich noch in seiner sozialen Bedeutung mit anderen Vermögenswerten ohne weiteres gleichzustellen."

Vor diesem Hintergrund sei eine stärkere Regulierung des Bodenmarktes mit der Eigentumsgarantie des Art.14 Abs. 1 S. 2 GG sowie dem Gleichheitsgrundsatz des Art. 3 Abs. 1 GG vereinbar.

Der Preisanstieg landwirtschaftlicher Flächen resultiert aus einer wachsenden Konkurrenz um Nutzflächen, insbesondere durch außerlandwirtschaftliche Investoren und erneuerbare Energien. Die Flächenverknappung treibt Kauf- und Pachtpreise in die Höhe, während Investoren Summen zahlen, die landwirtschaftliche Betriebe nicht erwirtschaften können. Zudem sind Pachteinnahmen aus Solar- und Windkraftprojekten oft lukrativer als die landwirtschaftliche Nutzung, was die Preise weiter von den Erträgen entkoppelt. So zahlen Solarunternehmen bis zu 5000 € pro ha, während landwirtschaftliche Pachten im Durchschnitt bei 389 € pro ha liegen. Pachtentgelte für Windkraftanlagen erreichen bis zu 50.000 € pro Jahr.[12]

Die verstärkte Marktpräsenz außerlandwirtschaftlicher Investoren bleibt nicht ohne Auswirkungen auf die Agrarstruktur. Mehr als die Hälfte der Agrarflächen in Deutschland gehört mittlerweile Nichtlandwirten. Zudem befinden sich 76 % der Unternehmenssitze dieser Investoren nicht in den neuen Bundesländern und meist auch nicht im ländlichen Raum. Dies hat zur Folge, dass Gewinne und Pachteinnahmen aus den betroffenen Regionen abfließen und die positiven sozioökonomischen Effekte landwirtschaftlicher Betriebe für den ländlichen Raum zumindest teilweise verloren gehen, was zur strukturellen Schwächung dieser Gebiete beiträgt. Der landwirtschaftliche Bodenmarkt unterliegt einer besonderen Regulierung durch Bundes- und Landesgesetze. Zentral ist das Grundstückverkehrsgesetz (GrdstVG), das den Erwerb landwirtschaftlicher Flächen grundsätzlich Landwirten vorbehält. Allerdings umgehen Investoren diese Regel

---

[12] Vgl. Zinke (2024) und Bund-Länder AG (2015).

durch Share Deals, sodass eine effektive Kontrolle erschwert und die Grunderwerbsteuer umgangen wird. Ergänzend regeln das Landpachtverkehrsgesetz und das Reichssiedlungsgesetz Kauf- und Pachtpreise sowie das Vorkaufsrecht für Landwirte. Trotz dieser Maßnahmen bleiben Regulierungslücken bestehen, sodass Kauf- und Pachtpreise weiter steigen. Eine von der Agrarministerkonferenz beauftragte Expertengruppe hat erhebliche Defizite festgestellt und Reformvorschläge unterbreitet. Besonders betroffen sind Junglandwirte, die wegen hoher Preise Schwierigkeiten beim Betriebserwerb haben. Das BMEL fordert daher Maßnahmen gegen Bodenspekulation, Preismissbrauch und für den Vorrang von Landwirten beim Flächenerwerb.[13]

4.5 Ernährungssicherheit als Staatsziel

Die Diskussion um die verfassungsrechtliche Verankerung der Ernährungssicherheit gewinnt angesichts globaler Krisen an Bedeutung. Die CDU fordert, das Staatsziel „Ernährungssicherheit" im Grundgesetz zu verankern. Staatsziele sind rechtlich bindend, begründen jedoch keine einklagbaren Rechte, haben aber Einfluss auf gerichtliche Entscheidungen. Die Ernährungssicherheit ist bereits im Grundgesetz indirekt durch das Recht auf ein menschenwürdiges Existenzminimum in Art. 1 Abs. 1 GG sowie das Recht auf Leben und körperliche Unversehrtheit in Art. 2 Abs. 2 GG verankert. Bestehende Verfassungsnormen legen staatliche Zuständigkeiten für Landwirtschaft und Ernährung fest, schreiben aber keine konkreten Maßnahmen vor. Offene Fragen bleiben, etwa ob die Versorgung durch inländische Produktion oder Importe gesichert werden soll und welche Rolle Nachhaltigkeit spielt. Innerhalb der verfassungsrechtlichen Ordnung lassen sich drei Regelungsbereiche identifizieren, die in besonderem Maße die Landwirtschaft als Adressaten haben: das Staatsziel des Umwelt- und Tierschutzes gemäß Art. 20a GG sowie das Grundrecht auf Eigentum nach Art. 14 GG. Der Anwendungsbereich dieser Bestimmung ist jedoch begrenzt.[14] Angesichts der bestehenden Herausforderungen erweisen sich die agrarbezogenen Regelungen im Grundgesetz als unzureichend. Insbesondere fehlt eine ausdrückliche Verpflichtung zur Förderung einer ökonomisch, ökologisch und sozial nachhaltigen Agrarstruktur, die essenziell ist, um die zentrale Aufgabe der Landwirtschaft – die Sicherstellung der Nahrungsmittelversorgung – langfristig zu gewährleisten. Eine nachhaltige Agrarstruktur umfasst dabei nicht nur den Schutz und die sowohl

---

[13] Vgl. BMEL (2024a).
[14] Vgl. Martinez (2022, S. 36).

4.5 Ernährungssicherheit als Staatsziel

quantitative als auch qualitative Erhaltung landwirtschaftlicher Flächen, sondern auch die Sicherung landwirtschaftlicher Betriebe sowie der in diesem Sektor tätigen Erwerbspersonen und ihrer Familien. Darüber hinaus ist der Erhalt regionaler Marktstrukturen – als Ergänzung zu bestehenden europäischen und globalen Märkten – ebenso von Bedeutung wie eine gesellschaftliche Aufwertung der Landwirtschaft durch ihre explizite verfassungsrechtliche Anerkennung.[15]

Staatsziele verpflichten das Land, es bestmöglich zu verwirklichen und sein staatliches Handeln entsprechend auszurichten.[16] In diesem Kontext würde die Verankerung eines Staatsziels „Ernährungssicherheit" in der deutschen Verfassung nicht nur die individuelle Versorgung der Bevölkerung mit Lebensmitteln sichern, sondern auch den Erhalt einer tragfähigen Agrarstruktur gewährleisten. Diese ist essenziell, um eine nachhaltige und regionale Lebensmittelproduktion sicherzustellen. Der gegenwärtige Verlust landwirtschaftlicher Betriebe, die Reduktion agrarischer Nutzflächen sowie das zunehmende Aussterben ländlicher Räume verdeutlichen die Dringlichkeit einer solchen Schutzmaßnahme. Ein solches Staatsziel würde zudem die Interessen der Landwirtschaft in der rechtlichen Abwägung gegenüber anderen Staatszielen, insbesondere Umwelt- und Tierschutz, stärker gewichten und sich so in der Rechtsprechung niederschlagen. Dies hätte zur Folge, dass Bund und Länder aktiv Maßnahmen zur Erhaltung einer funktionalen Agrarstruktur ergreifen müssten. Für die Bundesländer ergäben sich daraus etwa die Verpflichtungen, den landwirtschaftlichen Bodenmarkt zu überwachen und Gefahren für die Agrarstruktur frühzeitig entgegenzuwirken. Auch in der Umsetzung der GAP könnten durch ein solches Staatsziel die mittel- und langfristigen Auswirkungen von Förder- und Ordnungsmaßnahmen stärker berücksichtigt werden. Dies würde dazu beitragen, eine nachhaltige und widerstandsfähige Landwirtschaft langfristig zu sichern.

---

[15] Vgl. Martinez (2022, S. 52).
[16] Vgl. Schladebach (2018, S. 118 ff.).

Zusammenfassung und Ausblick 5

Die Landwirtschaft bietet in der Sozialen Marktwirtschaft zahlreiche Potenziale für eine ökonomisch, sozial und ökologisch nachhaltige Entwicklung. Entscheidend sind Innovationen, die Integration sozialer und ökologischer Aspekte sowie die Anpassung an gesellschaftliche Veränderungen. Der Staat muss Rahmenbedingungen schaffen, die freien Wettbewerb fördern und zugleich die Besonderheiten der Landwirtschaft berücksichtigen. Eine Balance zwischen Marktmechanismen, staatlichem Eingriff und der Sicherung der Lebensgrundlage für Landwirte ist essenziell. Nachhaltiges ökologisches Handeln erfordert betriebswirtschaftlichen Erfolg und gesellschaftliche Anerkennung. Förderprogramme und innovative Strategien stärken die wirtschaftliche Stabilität der Betriebe. Eine enge Verzahnung von Marktchancen, betrieblicher Strategie und politischer Unterstützung kann die Landwirtschaft als tragende Säule der Sozialen Marktwirtschaft sichern und ihre Zukunftsfähigkeit gewährleisten.

Was Sie aus diesem *essential* mitnehmen können

- Eine erfolgreiche Agrarwirtschaft erfordert staatliche Regelungen, die freien Wettbewerb ermöglichen und zugleich soziale sowie ökologische Besonderheiten berücksichtigt.
- Nachhaltiges ökologisches Handeln ist nur tragfähig, wenn es betriebswirtschaftlich rentabel ist und gesellschaftlich honoriert wird.
- Der Schutz landwirtschaftlicher Flächen als begrenzte Ressource und Produktionsgrundlage der Landwirtschaft ist von entscheidender Bedeutung für die Sicherstellung der Nahrungsmittelversorgung und erfordert eine rechtliche Absicherung.
- Durch gezielte Förderprogramme, innovative Strategien und politische Unterstützung kann die Landwirtschaft als stabile Säule der Sozialen Marktwirtschaft gesichert werden.

Literatur

Breuer, R. (1998). Die Kostenlast bei Wasserschutzgebietsfestsetzungen. *Natur und Recht*, 337–347.
Bundesministerium für Ernährung und Landwirtschaft (2023). Die wirtschaftliche Lage der Betriebe, Buchführungsergebnisse der Testbetriebe des Wirtschaftsjahres 2021/2022. https://www.bmel-statistik.de/fileadmin/daten/0111101-2022.pdf. Zugegriffen 29. März 2025.
Bundesministerium für Ernährung und Landwirtschaft (2024a). Landwirtschaftliches Bodenmarktrecht in Deutschland. https://www.bmel.de/DE/themen/landwirtschaft/fla echennutzung-und-bodenmarkt/bodenrecht-landwirtschaft.html. Zugegriffen 29. März 2025.
Bundesministerium für Ernährung und Landwirtschaft (2024b). Landwirtschaftlicher Bodenmarkt in Deutschland. https://www.bmel.de/DE/themen/landwirtschaft/flaechenn utzung-und-bodenmarkt/bodenmarkt-deutschland-landwirtschaft.html. Zugegriffen 29. März 2025.
Bund-Länder-Arbeitsgruppe (2015). Landwirtschaftliche Bodenmarktpolitik: Allgemeine Situation und Handlungsoptionen. Bericht der Bund-Länder-Arbeitsgruppe „Bodenmarktpolitik" gemäß Beschluss der Amtschefinnen und Amtschefs der Agrarressorts der Länder vom 16. Januar 2014.
Bussche, A. (2001). *Vertragsnaturschutz in der Verwaltungspraxis*. Frankfurt a. M.: Peter-Lang Verlag.
Czybulka, D., Fischer-Hüftle, P., Hampicke, U., Köck, W., & Martinez, J. (2021). Ein Landwirtschaftsgesetz für Deutschland im Zeichen von Umweltschutz und Biodiversität – Notwendigkeit, Funktion und Leitbild, *Natur und Recht*, 43, 297–307. https://doi.org/10.1007/s10357-021-3837-z.
Deutscher Bauernverband (2024), Situationsbericht 2024/25. Trends und Fakten zur Landwirtschaft – https://magazin.diemayrei.de/storage/media/1efb7969-8432-606a-b7a7-525 4a201e2da/DBV_SB_2025-web.pdf. Zugegriffen 29. März 2025.
Drees, C. (2025). Verordnung über die Wiederherstellung der Natur (Nature Restoration Law). *Recht der Landwirtschaft*, 23–27.
Enste H., & Hardege S. (2007). Regulierung und Schattenwirtschaft, *IW-Trends*, https://doi.org/10.2373/1864-810X.07-01-04.

Falck, O., Mo Guo, Y., & Pfaffl, C. (2024). *Entgangene Wirtschaftsleistung durch hohen Bürokratieaufwand*. München: IHK.

Falke, J. (2020). Neue Entwicklungen im Europäischen Umweltrecht (Berichtszeitraum: 3.12.2019–3.2.2020). *Zeitschrift für Umweltrecht*, 246–253.

Falke, J. (2021a). Neue Entwicklungen im Europäischen Umweltrecht (Berichtszeitraum: 13.11.2020–10.1.2021). *Zeitschrift für Umweltrecht*, 186–191.

Falke, J. (2021b). Neue Entwicklungen im Europäischen Umweltrecht (Berichtszeitraum: 11.3.2021–27.5.2021). *Zeitschrift für Umweltrecht*, 435–441.

Fachagentur Nachwachsende Rohstoffe (2024). Anbau nachwachsender Rohstoffe 2023 auf knapp 2,5 Mio. Hektar oder rund 15 Prozent der landwirtschaftlich genutzten Fläche. https://www.fnr.de/presse/pressemitteilungen/aktuelle-mitteilungen/aktuelle-nachricht/anbau-nachwachsender-rohstoffe-2023-auf-knapp-25-mio-hektar-oder-rund-15-prozent-der-landwirtschaftlich-genutzten-flaeche. Zugegriffen 29. März 2025.

Forstner, B., Tietz, A., Klare, K. Kleinhanss, W., & Weingarten P. (2011). Aktivitäten von nichtlandwirtschaftlichen und überregional ausgerichteten Investoren auf dem landwirtschaftlichen Bodenmarkt in Deutschland. Sonderheft 352.

Frenz, W., & Müggenborg, H.-J. (2024). *Bundesnaturschutzgesetz*, Kommentar, 4. Aufl., Berlin: ESV.

Grimm, C., & Norer, R. (2015). *Agrarrecht*, 2015, 4. Aufl., München: C.H. Beck.

Gröhn, K. (2016). Steuerung und Reduzierung des Flächenverbrauchs durch die Raumordnungsplanung und deren Umsetzung auf der örtlichen Ebene, 38, *Natur und Recht*, 78–85. https://doi.org/10.1007/s10357-016-2956-4.

Härtel, I. (2012). Handbuch des Fachanwalts Agrarrecht, Hürth: Luchterhand.

Hampicke, U. (2013). *Kulturlandschaft und Naturschutz, Probleme-Konzepte-Ökonomie*. https://doi.org/10.1007/978-3-8348-8236-3.

Hanau, A. (1958). Die Stellung der Landwirtschaft in der sozialen Marktwirtschaft, *Agrarwirtschaft: Zeitschrift für Betriebswirtschaft, Marktforschung und Agrarpolitik* 7(1), 1–15.

Hötzel, H. (1968). *Umweltvorschriften für die Landwirtschaft*, Stuttgart: Eugen Ulmer.

Isermeyer, F., Nieberg, H., Banse, M., Bolte, A., Christoph-Schulz, IB., Dauber, J., Witte, T. de, Dehler, M., Döring, R., Elsasser, P., Fock, HO., Focken, U., Freund, F., Goti, L., Heidecke. C., Kempf,. A., Koch, G., Kraus G., Krause, A., Kroiher, F., Lasner, T., Lüdtke, J., Olbrich, A., Osterburg, B., Pelikan, J., Probst, WN., Rahmann, G., Reiser, S., Rock, J., Röder, N., Rüter, S., Sanders, J., Stelzenmüller, V., & Zimmermann, C. (2020). *Auswirkungen aktueller Politikstrategien (Green Deal, Farm-to-Fork, Biodiversitätsstrategie 2030; Aktionsprogramm Insektenschutz) auf Land- und Forstwirtschaft sowie Fischerei*. Thünen Working Paper 156. Braunschweig: Johann Heinrich von Thünen-Institut, https://doi.org/10.3220/WP1600775202000.

Jensen, N. (2021). *Die Privilegierung der Landwirtschaft*, Baden-Baden: Nomos.

Jungehülsing, J. (2020). *Landwirtschaftlicher Flächenverlust – Auswirkungen auf Agrarstruktur und Bodenpreise*. In: Meinel, G.; Schumacher U.; Behnisch, M.; Krüger, T. (Hrsg.). Flächennutzungsmonitoring XII mit Beiträgen zum Monitoring von Ökosystemleistungen und SDGs. IÖR Schriften, Bd. 78 (S. 25–29). Berlin: Rhombos. https://doi.org/10.26084/12dfns-p004.

Kloepfer, M. (2018). Dimensionen der Umweltagrarpolitik, *Natur und Recht*, 40, 11–16. https://doi.org/10.1007/s10357-017-3279-9.

Literatur

Koch, H.-J., Hofmann, E., & Reese, M. (2024). *Handbuch Umweltrecht*, 6. Aufl. München: C.H. Beck.
Kuhnert, H., Behrens, G., Hamm, U., Müller, H., Nieberg, H., Sanders J., & Strohm, R. (2013). Ausstiege aus dem ökologischen Landbau: Umfang – Gründe – Handlungsoptionen. Thünen Report 3. Braunschweig: Johann Heinrich von Thünen-Institut
Lehmann, N. (2024). CDU will Staatsziel Ernährungssicherheit im Grundgesetz verankern. https://www.agrarheute.com/politik/cdu-will-staatsziel-ernaehrungssicherheit-grundg esetz-verankern-620341. Zugegriffen 29. März 2025.
Martinez, J. (2022). Eine zeitgemäße Berücksichtigung der Landwirtschaft und des Klimaschutzes im GG, Rechtsgutachten für den Deutschen Bauernverband e. V. https://www.bauernverband.de/fileadmin/user_upload/dbv/pressemitteilungen/2023/KW_01_ bis_KW_20/KW_04/11123_Gutachten_Verfassung_Martinez2023_fin.pdf. Zugegriffen 29. März 2025.
Mährlein, A. (2017). *Inanspruchnahme landwirtschaftlicher Flächen durch Naturschutzmaßnahmen. Agrarbetrieb 5*, S. 370–380.
Meßerschmidt, K., & Schumacher, J. (2025) *Bundesnaturschutzrecht*. 172. Akt. München: rehm.
Möckel, S. (2016). Schutz von Dauergrünland vor Umwandlung, Umbruch oder Intensivierung – Teil 2: Ordnungsrecht, Natur und Recht, 655–665.
Müller-Armack, A. (1953). *Wirtschaftsordnung und Wirtschaftspolitik. Studien und Konzepte zur Sozialen Marktwirtschaft und zur Europäischen Integration*. Bern: Haupt Verlag.
Müller-Kroehling, S. (2013). Gebietsmanagement und Forstwirtschaft in Natura 2000-Gebieten. *Landesanstalt für Wald und Forstwirtschaft aktuell*, 7–11.
Niedersächsischer Landkreistag & Niedersächsischer Städte- und Gemeindebund. (2022). Planung von Freiflächen-Photovoltaikanlagen in Niedersachsen Hinweise und Empfehlungen aus der Perspektive der Raumordnung. https://www.nlt.de/wp-content/uploads/2022/11/2022_10_24_Arbeitshilfe-Solarplanung.pdf. Zugegriffen 29. März 2025.
Norer, R. (2005). Lebendiges Agrarrecht, Entwicklungslinien und Perspektiven des Rechts im ländlichen Raum. Wien: Springer. https://doi.org/10.1007/3-211-31025-8.
Osterburg, B., Ackermann, A., Böhm, J., Bösch, M., Dauber, J., Witte, T. de, Elsasser, P., Erasmi, S., Gocht, A., Hansen, H., Heidecke, C., Klimek, S., Krämer, C., Kuhnert, H., Moldovan, A., Nieberg, H., Pahmeyer, C., Plaas, E., Rock, J., Röder, N., Söder, M., Tetteh, G., Tiemeyer, B., Tietz, A., Wegmann, J., & Zinnbauer, M. (2023). *Flächennutzung und Flächennutzungsansprüche in Deutschland*. Thünen Working Paper 224. Braunschweig: Johann Heinrich von Thünen-Institut. https://doi.org/10.3220/WP1697 436258000.
Pätzold, M., & Tolkmitt, V. (2018). *Reichtum ohne Grenzen?: Die Soziale Marktwirtschaft im 21. Jahrhundert*. Wiesbaden: Springer Gabler.
Petersen, T. (2020). Globale Lieferketten zwischen Effizienz und Resilienz, ifo Schnelldienst 5, 7–7.
Pitschel, A. (2021). Die gute fachliche Praxis, Ein staatliches Steuerungsinstrument im Spannungsfeld zwischen ökonomischen und ökologischen Interessen in der Landwirtschaft, Baden-Baden: Nomos.

Rengeling, H. W. (1998). Das Kooperationsprinzip im Umweltrecht. Hannover: Heymanns.

Schladebach, M. (2018). Staatszielbestimmungen im Verfassungsrecht,Juristische Schulung, 118–122.

Schlagheck, H. (1993). Beratungsstrategien zur Erhaltung intakter Umwelt und Erzeugung hochwertiger Nahrung. *Berichte über Landwirtschaft*, 71 1993, 523–533.

Schur, G. (1990). *Umweltverhalten von Landwirten.* Campus Forschung, Bd. 652. Frankfurt/ Main; New York: Campus-Verlag.

Statista. (2024). Landwirtschaftliche Nutzfläche in Deutschland in den Jahren 1949 bis 2024, https://de.statista.com/statistik/daten/studie/206250/umfrage/landwirtschaftliche-nutzflaeche-in-deutschland/. Zugegriffen 29. März 2025.

Statistisches Bundesamt. (2024). Landwirtschaftliche Betriebe, Pressemitteilung vom 6. November 2024. https://www.destatis.de/DE/Themen/Branchen-Unternehmen/Landwirtschaft-Forstwirtschaft-Fischerei/Landwirtschaftliche-Betriebe/_inhalt.html. Zugegriffen 29. März 2025.

Statistisches Bundesamt. (2025). Aktuelle Preise für Getreide. https://www.destatis.de/DE/Im-Fokus/Ukraine/Nahrung/_inhalt.html. Zugegriffen 29. März 2025.

Sanders, J., Offermann, F. & Nieberg, H. (2012). *Wirtschaftlichkeit des ökologischen Landbaus in Deutschland unter veränderten agrarpolitischen Rahmenbedingungen.* Thünen-Sonderheft 364, Braunschweig: Johann Heinrich von Thünen-Institut.

Storm, P.-C. (1986). Täter oder Opfer? – Zum Verhältnis von Landwirtschaft und Umweltpflege, Natur und Recht, S. 8–12.

Thomas, K. (2015). Naturschutz- und Flurbereinigungsrecht in ihrer Wechselwirkung, Natur und Recht, 98–102.

Umweltbundesamt (2015). Umweltprobleme der Landwirtschaft – 30 Jahre SRU-Sondergutachten, 2015. Dessau-Rossau: Umweltbundesamt.

Umweltbundesamt (2023). *Auswirkungen des Anbaus nachwachsender Rohstoffe auf die Oberflächen und Grundwasserbeschaffenheit.* Dessau-Rossau: Umweltbundesamt.

Umweltbundesamt (2025). Erneuerbare Energien in Zahlen. https://www.umweltbundesamt.de/themen/klima-energie/erneuerbare-energien/erneuerbare-energien-in-zahlen#ueberblick. Zugegriffen 29. März 2025.

Vieweg, W. (2024). *Nachhaltige Marktwirtschaft Die Soziale Marktwirtschaft des 21. Jahrhunderts,* 2. Aufl. Wiesbaden: Springer Gabler. https://doi.org/10.1007/978-3-658-44648-2.

Weber, E.-C., Ellßel, R., & Hansen, H. (2024). *Einkommen in der Landwirtschaft,* abrufbar unter https://www.thuenen.de/de/themenfelder/einkommen-und-beschaeftigung/einkommen-in-der-landwirtschaft. Zugegriffen 29. März 2025.

Wolf, R. (2022). Die Regulation landwirtschaftlicher Nutzungen durch Recht und der Schutz der Biodiversität, Zeitschrift für Umweltrecht, 195–207.

Zinke, E. (2024a). Der Schutz landwirtschaftlicher Flächen als begrenzte Ressource – Rechtliche Möglichkeiten und Grenzen, *Natur und Recht*, 46, 145–151.

Zinke, E. (2024b). Umsetzungsprobleme der Flora-Fauna-Habitat-Richtlinie – Unter besonderer Berücksichtigung der Land-, Forst- und Fischereiwirtschaft, Schriften zum Umweltrecht, Bd. 207, Berlin: Duncker & Humblot.

Zinke, O. (2019). Ökolandbau: Nicht immer eine Erfolgsgeschichte, https://www.agrarheute.com/management/betriebsfuehrung/oekolandbau-immer-erfolgsgeschichte. Zugegriffen 29. März 2025.

Zinke, O. (2023). Solarboom kostet viel Ackerland, 2023 https://www.agrarheute.com/management/finanzen/solarboom-kostet-viel-ackerland-hohe-preis-energiewende-610482. Zugegriffen 29. März 2025.

Zinke, O. (2024). Goldrausch am Pachtmarkt – Pachtpreise explodieren wegen Solar und Windkraft https://www.agrarheute.com/management/finanzen/goldrausch-pachtmarkt-solar-wind-pachtpreise-hochtreiben-630615. Zugegriffen 29. März 2025.

MIX
Papier aus verantwortungsvollen Quellen
Paper from responsible sources
FSC® C105338

If you have any concerns about our products,
you can contact us on
ProductSafety@springernature.com

In case Publisher is established outside the EU,
the EU authorized representative is:
**Springer Nature Customer Service Center GmbH
Europaplatz 3, 69115 Heidelberg, Germany**

Printed by Libri Plureos GmbH
in Hamburg, Germany